Álvaro Fonseca
Davis Brenes
Carlos Mendoza

A era digital na produção

Álvaro Fonseca
Davis Brenes
Carlos Mendoza

A era digital na produção

Estratégias para a Indústria 4.0

ScienciaScripts

Imprint

Cover image: www.ingimage.com

This book is a translation from the original published under ISBN 978-613-9-46929-1.

Publisher:
Sciencia Scripts
is a trademark of
Dodo Books Indian Ocean Ltd. and OmniScriptum S.R.L publishing group

120 High Road, East Finchley, London, N2 9ED, United Kingdom
Str. Armeneasca 28/1, office 1, Chisinau MD-2012, Republic of Moldova, Europe
Managing Directors: Ieva Konstantinova, Victoria Ursu
info@omniscriptum.com

Printed at: see last page
ISBN: 978-620-8-39769-2

Índice

Para o leitor

Neste livro, convidamo-lo para uma viagem fascinante através do coração da Era Digital e do seu impacto transformador na Indústria 4.0. Esta viagem vai além da técnica; foi concebida para lhe mostrar, de uma forma clara e acessível, como a tecnologia está a revolucionar a produção a todos os níveis. Aqui, vai perceber como ferramentas como a inteligência artificial, a Internet das Coisas (IoT) e a automação estão a mudar não só a forma como trabalhamos, mas também a forma como concebemos a própria produção. Queremos que sinta este avanço não como um desafio intimidante, mas como uma oportunidade excitante para evoluir e alcançar novas possibilidades no mundo do trabalho.

A estrutura do livro guiá-lo-á passo a passo. Começamos com o básico para construir uma compreensão sólida do que significa a Indústria 4.0 e como ela difere dos modelos industriais anteriores. Nesta primeira parte, descobrirá os fundamentos que lhe permitirão compreender a mudança de paradigma que estamos a viver. À medida que avança, cada capítulo aprofunda estratégias específicas e aplicações práticas, fornecendo exemplos e estudos de caso que o ajudarão a visualizar como estes conceitos são aplicados no mundo real. Aqui não verá apenas teoria; cada página tem como objetivo dar-lhe as ferramentas necessárias para imaginar e aplicar estes conhecimentos em diferentes contextos produtivos. No final do percurso, encontrará uma reflexão sobre o futuro da indústria e um convite para participar ativamente nesta transformação, integrando na sua vida profissional o que aqui aprendeu.

Este livro não se destina apenas a informá-lo; destina-se também a inspirá-lo, motivá-lo e encorajá-lo a juntar-se à evolução digital que nos rodeia. Em cada página, incluímos reflexões que o ajudarão a compreender não só o "como" da digitalização, mas também o "porquê". Porque por detrás de cada avanço, há pessoas como tu e eu que tornam esta transformação possível. Queremos que sinta que faz parte de algo maior e que as suas competências e conhecimentos podem fazer uma diferença significativa neste novo ambiente. Prepare-se para mergulhar no fascinante mundo da inovação e da tecnologia e lembre-se de que esta evolução está na ponta dos seus dedos. Bem-vindo a esta aventura na Era Digital!

Introdução

A transformação digital revolucionou a forma como as indústrias operam, e o advento da Indústria 4.0 assinala um marco significativo neste processo. Este livro explora em profundidade os conceitos, tecnologias, desafios e oportunidades que definem esta nova era industrial. À medida que a tecnologia avança, a integração de sistemas físicos e digitais torna-se um imperativo para as empresas que procuram manter-se competitivas num ambiente global em rápida mudança.

A Indústria 4.0 não se limita a automatizar processos; envolve uma reconfiguração profunda da forma como as organizações pensam a produção, a cadeia de abastecimento e a interação com o cliente. Tecnologias como a Internet das Coisas (IoT), a inteligência artificial (IA), a análise de dados e a robótica estão a mudar não só a forma como os bens e serviços são produzidos, mas também a forma como são geridos e distribuídos.

Este livro está estruturado em vários capítulos que abordam diferentes aspectos da Indústria 4.0. Começamos com uma introdução aos conceitos fundamentais e às tecnologias-chave que a sustentam, seguida de uma análise do impacto que estas inovações têm na sustentabilidade e na eficiência operacional. Também discutimos os desafios que as empresas enfrentam na implementação destas tecnologias, incluindo a cibersegurança, a resistência à mudança e o investimento inicial necessário para a transformação.

Além disso, examina as tendências futuras que irão moldar a Indústria 4.0, como a inteligência artificial avançada e os gémeos digitais, e discute o papel crucial da educação e da formação na preparação de uma força de trabalho capaz de prosperar neste novo ambiente.

Em conclusão, este livro procura fornecer um guia abrangente para compreender e navegar no complexo cenário da Indústria 4.0. Através de estudos de caso, análise de tendências e referências à literatura atual, os leitores obterão uma compreensão aprofundada da forma como a transformação digital está a redefinir o futuro da produção e dos negócios, e como podem participar ativamente nesta evolução. A Indústria 4.0 não é apenas uma tendência passageira; é uma mudança de paradigma que oferece desafios e oportunidades e é essencial para qualquer organização que pretenda ter sucesso no século XXI.

Capítulo 1: Introdução à Indústria 4.0

A Indústria 4.0 representa a quarta revolução industrial, caracterizada pela integração de tecnologias digitais e físicas nos processos de produção e nos modelos de negócio a nível mundial. Este capítulo apresenta uma panorâmica dos conceitos-chave, das tecnologias subjacentes, do seu impacto na sustentabilidade, dos desafios de implementação e das perspectivas futuras para a indústria.

Definição e conceitos-chave

A Indústria 4.0 refere-se a um novo paradigma de produção que integra tecnologias avançadas como a Internet das Coisas (IoT), a inteligência artificial (IA), a robótica e os Big Data nos processos industriais. Esta abordagem promove a automatização de processos, a interligação de sistemas e a capacidade de resposta em tempo real, permitindo que as empresas se adaptem rapidamente às mudanças do mercado e melhorem a eficiência operacional. Neste contexto, a personalização de produtos e serviços torna-se mais acessível, o que, por sua vez, melhora a experiência do cliente. O conceito engloba não só a produção, mas também a conceção, a logística, a cadeia de abastecimento e a gestão do ciclo de vida dos produtos.

Tecnologias-chave da Indústria 4.0

As tecnologias-chave da Indústria 4.0 referem-se ao conjunto de tecnologias avançadas que estão a impulsionar a transformação da indústria transformadora e de outros sectores industriais na Quarta Revolução Industrial. Estas tecnologias, que incluem a Internet das Coisas (IoT), os grandes volumes de dados e a análise de dados, a inteligência artificial (IA), os sistemas ciber-físicos (CFS), a robótica, o fabrico aditivo (impressão 3D), a realidade aumentada (RA), a realidade virtual (RV) e a computação em nuvem, estão a remodelar os processos de produção tradicionais, melhorando a eficiência e permitindo a tomada de decisões mais inteligentes baseadas em dados. A sua integração promove uma mudança de paradigma na produção, facilitando o aparecimento de fábricas inteligentes e sistemas de produção autónomos que respondem dinamicamente às exigências do mercado e aos desafios operacionais.

A importância destas tecnologias reside na sua capacidade de criar ambientes interligados onde máquinas, sistemas e pessoas trabalham em colaboração para melhorar a produtividade e a inovação. Por exemplo, a IoT permite a recolha e análise de dados em tempo real, o que, combinado com Big Data e IA, melhora a manutenção preditiva e a otimização operacional.

A robótica e a automação são cada vez mais utilizadas para gerir tarefas complexas e melhorar a segurança, enquanto o fabrico aditivo promove a personalização e a redução de resíduos nos processos de produção. No entanto, a adoção generalizada destas tecnologias também coloca desafios, como as preocupações com a cibersegurança, a necessidade de normalização e a potencial deslocação de postos de trabalho devido à automatização.

As controvérsias em torno das principais tecnologias da Indústria 4.0 centram-se frequentemente nas implicações da automatização para o emprego e nas considerações éticas da privacidade e da segurança dos dados. Os críticos argumentam que uma maior dependência da IA e da robótica pode levar a perdas significativas de postos de trabalho, particularmente em sectores pouco qualificados, enquanto os defensores afirmam que estas tecnologias criarão novas oportunidades de emprego e melhorarão a qualidade geral do trabalho.

Além disso, as preocupações com as violações de dados e a utilização ética da IA estão a impulsionar o debate sobre a necessidade de quadros regulamentares para garantir a implantação responsável destas tecnologias em ambientes industriais.

À medida que as indústrias continuam a navegar pelas complexidades da transformação digital, a integração das principais tecnologias da Indústria 4.0 é essencial para manter a competitividade e promover o crescimento sustentável. A investigação e o desenvolvimento em curso nestas áreas prometem melhorar ainda mais as capacidades operacionais e impulsionar a inovação em vários sectores, abrindo caminho para uma paisagem industrial mais interligada e eficiente.

Internet das coisas (IoT)

A Internet das Coisas (IoT) é uma rede transformadora de dispositivos físicos interligados que estão equipados com sensores, software e funcionalidades de conetividade, permitindo-lhes recolher e trocar dados através da Internet ou de redes privadas. Criado por Kevin Ashton em 1999, o conceito evoluiu significativamente e ganhou força em diversos sectores, influenciando a forma como vivemos e trabalhamos atualmente.

A Internet das Coisas (IoT) engloba uma vasta gama de aplicações, incluindo casas inteligentes, monitorização de cuidados de saúde, automação industrial e sistemas de transporte. A sua capacidade de criar um ambiente integrado e interligado facilita a automatização, a otimização e a monitorização em tempo real, melhorando a tomada de decisões e as experiências dos utilizadores na era digital.

A importância crescente da IoT é evidente na sua integração na Indústria 4.0, onde actua como um facilitador crucial para uma maior automatização e eficiência nos processos de fabrico.

Internet Industrial das Coisas (IIoT)

Enquanto a IoT é frequentemente associada a dispositivos de consumo, a Internet das Coisas Industrial (IIoT) centra-se em tecnologias ligadas em ambientes industriais. A IIoT utiliza sensores e máquinas inteligentes para otimizar as operações, prever falhas no equipamento e melhorar a localização de activos em fábricas e armazéns. Esta aplicação da IoT não só melhora a produtividade, como também impulsiona a inovação ao permitir a colaboração entre humanos e robots (cobotics) e processos automatizados.

Aplicações de fabrico

A Internet das Coisas (IoT) está a revolucionar a indústria transformadora ao permitir fábricas inteligentes que tiram partido de tecnologias avançadas como a inteligência artificial (IA), a aprendizagem automática (ML) e a computação em nuvem. Estas tecnologias facilitam a análise de dados em tempo real e a manutenção preditiva, ajudando os fabricantes a otimizar a produção, a melhorar o controlo da qualidade e a reduzir o tempo de inatividade.

A Fortune Business Insights estima que o mercado de IoT na indústria transformadora foi avaliado em 27,8 mil milhões de dólares em 2018 e deverá atingir

452,27 mil milhões de dólares até 2032, demonstrando uma taxa de crescimento anual composta (CAGR) de 22,1%.

Desafios e direcções futuras

Apesar dos potenciais benefícios, o panorama da IdC enfrenta desafios, nomeadamente em termos de normalização universal. A falta de normas comuns pode conduzir a um mercado fragmentado, tornando difícil para os fabricantes selecionar soluções IoT adequadas e garantir a interoperabilidade entre dispositivos.

A investigação futura é crucial para abordar estes obstáculos, explorar os facilitadores e desenvolver estratégias que aproveitem a IdC para a inovação contínua e a eficiência no sector da indústria transformadora.

À medida que o ecossistema IoT continua a evoluir, a sua integração com tecnologias emergentes promete desbloquear aplicações e benefícios mais transformadores em diversos sectores.

Big Data e análise

O Big Data desempenha um papel fundamental na arena da Indústria 4.0, uma vez que engloba conjuntos de dados vastos e complexos que os métodos tradicionais têm dificuldade em gerir eficazmente. A capacidade de processar e analisar estas imensas quantidades de dados gera informações valiosas que melhoram significativamente os processos de fabrico e a tomada de decisões. Aproveitando as capacidades informáticas avançadas, as empresas podem transformar dados brutos em inteligência acionável, o que é crucial para otimizar as operações e manter a vantagem competitiva.

A integração de Big Data nas tecnologias da Indústria 4.0 facilita processos optimizados destinados a melhorar a eficiência da produção e o serviço ao cliente. Por exemplo, os dados gerados a partir de várias fontes, incluindo sensores da Internet das Coisas no chão de fábrica, dados de vendas e factores ambientais, podem ser analisados para melhorar a qualidade da produção e a agilidade logística.

Além disso, a análise de dados em tempo real permite aos fabricantes assegurar a continuidade operacional, uma vez que qualquer tempo de inatividade pode gerar custos substanciais.

A gestão de grandes volumes de dados envolve vários desafios, nomeadamente no que diz respeito ao seu volume e complexidade. As organizações têm de implementar ferramentas robustas de armazenamento, gestão e análise de dados para lidar eficazmente com estes conjuntos de dados, o que inclui a utilização da computação em nuvem para soluções escaláveis, ao mesmo tempo que navegam no ambiente externo imprevisível que caracteriza o fabrico moderno.

A cibersegurança também se torna uma preocupação crítica, uma vez que os sistemas inteligentes interligados aumentam a vulnerabilidade a violações de dados e ameaças operacionais, exigindo medidas de segurança rigorosas.

Integração com Big Data

A eficácia da IA e do ML no fabrico é ainda mais reforçada com a integração da análise de Big Data. Esta integração permite aos fabricantes criar uma visualização abrangente das suas operações, permitindo-lhes identificar estrangulamentos, prever a procura e implementar planos de manutenção estratégicos.

A sinergia entre a IA e o Big Data permite aos fabricantes tomar decisões informadas, conduzindo a ganhos significativos em termos de eficiência e produtividade.

Desafios e considerações

Apesar dos potenciais benefícios, a implementação da IA e do ML no fabrico enfrenta desafios, principalmente relacionados com a qualidade e a integração dos dados. A investigação indica que muitos fabricantes se debatem com uma qualidade de dados inadequada e uma governação de dados deficiente, o que dificulta o desenvolvimento de casos de utilização de IA eficazes.

Garantir que os activos de produção geram dados fiáveis e utilizáveis é fundamental para o sucesso da implementação de tecnologias de IA em ambientes de produção.

Robótica e automação

A robótica tornou-se um elemento fundamental da tecnologia na implementação da Indústria 4.0, marcando uma nova era de fabrico inteligente em que os robôs colaboram com tecnologias digitais como a inteligência artificial (IA) e a Internet das Coisas (IoT) para melhorar a produtividade e a eficiência dos processos de fabrico.

A integração da robótica não só automatiza tarefas complexas e repetitivas, como também facilita uma mudança de paradigma para uma economia mais sustentável e rentável.

Tipos de robótica no fabrico

Robôs industriais

Os robôs industriais são o tipo mais comum de robôs utilizados em ambientes de fabrico. Caracterizam-se pela sua elevada precisão e pela sua capacidade de funcionar continuamente sem interrupções. As aplicações típicas incluem tarefas como a soldadura, a pintura e a montagem.

Estes robôs melhoram significativamente a velocidade e a precisão, contribuindo para uma maior eficiência operacional.

Robôs colaborativos

Os robôs colaborativos são concebidos para trabalhar ao lado de operadores humanos, melhorando a segurança e a eficiência dos fluxos de trabalho. Equipados com sensores avançados, os robôs podem detetar a presença de humanos e adaptar os seus movimentos em conformidade, o que os torna adequados para tarefas que requerem a interação com trabalhadores humanos, como a embalagem e o manuseamento de materiais.

Robôs móveis

Os robôs móveis navegam, de forma independente, por pisos de edifícios ou armazéns, utilizando sensores e câmaras para evitar obstáculos. São particularmente eficazes no manuseamento de materiais, no transporte e no inventário. Os robôs móveis são vistos como um potencial substituto dos sistemas tradicionais, como as correias transportadoras fixas e os veículos guiados automaticamente (AGV) convencionais na logística.

As previsões indicam que, até 2025, os robôs logísticos autónomos ultrapassarão a utilização de AGVs convencionais em ambientes de fabrico.

Capacidades avançadas de automatização

A automatização está a evoluir para incorporar tecnologias mais sofisticadas, como a automatização cognitiva e a tomada de decisões baseada em dados. Os robôs estão cada vez mais integrados com a IA e a aprendizagem automática para executar tarefas complexas de forma autónoma, conduzindo a uma maior eficiência nos processos logísticos e de fabrico. Por exemplo, os robôs podem executar autonomamente tarefas de recolha, embalagem e inspeção de qualidade, optimizando assim todo o fluxo de trabalho de produção.

Além disso, a utilização da tecnologia de gémeos digitais permite o ensaio virtual e a otimização de sistemas robóticos antes da sua utilização em aplicações reais.

Impacto da Indústria 4.0 na Sustentabilidade

O impacto da Indústria 4.0 na sustentabilidade refere-se à transformação significativa das práticas industriais e de fabrico, impulsionada pela integração de tecnologias avançadas destinadas a melhorar a produtividade, a eficiência e a responsabilidade ambiental. Caracterizada pela interligação de sistemas físicos, digitais e biológicos, esta nova era de desenvolvimento industrial promove a emergência de fábricas inteligentes e de modelos de negócio inovadores que tiram partido dos dados em tempo real, da automação e das capacidades de gestão de recursos. À medida que as indústrias globais adoptam cada vez mais estas tecnologias, a sua influência na sustentabilidade tornou-se um foco fundamental para investigadores, decisores políticos e empresas.

A importância notável da Indústria 4.0 reside no seu duplo potencial para otimizar os processos de produção e, ao mesmo tempo, dar resposta a preocupações ambientais prementes. Tecnologias como a Internet das Coisas (IoT), a Inteligência Artificial (IA) e a análise avançada facilitam a melhoria da eficiência energética, a gestão de recursos e a redução de resíduos, posicionando as empresas para contribuírem de forma afirmativa para os objectivos de sustentabilidade ambiental.

Por exemplo, foi demonstrado que as práticas de fabrico inteligente reduzem o consumo de energia até 30% em aplicações específicas, sublinhando os benefícios ambientais da transformação digital em ambientes industriais.

No entanto, a integração das tecnologias da Indústria 4.0 não está isenta de desafios e controvérsias. Os custos iniciais de implementação, a necessidade de requalificar a mão de obra e as preocupações com o aumento do consumo de energia em determinados contextos suscitaram debates sobre o impacto líquido global destes desenvolvimentos na sustentabilidade. Os críticos argumentam que, embora a digitalização do fabrico possa conduzir a ganhos de eficiência, pode também exacerbar a procura de energia e complicar a gestão dos recursos se não for cuidadosamente regulamentada.

Em resumo, o impacto da Indústria 4.0 na sustentabilidade engloba tanto oportunidades transformadoras como desafios críticos. À medida que as indústrias navegam nesta mudança tecnológica, o imperativo de práticas sustentáveis será fundamental para concretizar todos os benefícios do fabrico avançado, mitigando simultaneamente os potenciais efeitos adversos no ambiente e na sociedade.

Impacto ambiental

A integração das tecnologias da Indústria 4.0 está preparada para influenciar significativamente a sustentabilidade ambiental através da melhoria da eficiência energética e da gestão de recursos. A procura operacional da Indústria 4.0 exige processos de produção dinamicamente configuráveis que deverão aumentar o consumo de energia primária em ambientes de fabrico.

No entanto, esta digitalização também oferece oportunidades de poupança de energia, com relatórios que indicam que as ferramentas de software de otimização podem reduzir o consumo de energia até 30% em aplicações de robótica industrial.

O potencial de otimização energética é ainda apoiado por estratégias inteligentes de atribuição de energia que utilizam a análise de grandes volumes de dados para melhorar a gestão global da energia em todos os sistemas de fabrico.

Impacto económico

O impacto económico da Indústria 4.0 é multifacetado e engloba várias dimensões que influenciam a eficiência, a redução de custos e o desempenho geral da empresa. Um dos principais benefícios económicos da Indústria 4.0 é o potencial de poupanças significativas através de um planeamento mais preciso e de prazos de entrega mais curtos, que melhoram a eficiência energética e reduzem os custos operacionais.

Ao integrar tecnologias avançadas, como a Internet Industrial das Coisas (IIoT) e a modelização por simulação informática, as empresas podem estimar melhor os benefícios financeiros e a eficácia económica, que tradicionalmente constituíam desafios devido à sua natureza dispendiosa.

Eficiência de custos e gestão de recursos

As tecnologias da Indústria 4.0 contribuem para melhorar a gestão dos recursos e a eficiência dos custos. A digitalização e a automatização dos processos permitem a monitorização e o controlo em tempo real, resultando na redução dos resíduos de fabrico e na melhoria dos padrões de consumo de energia.

Por exemplo, a implementação de soluções de fabrico inteligente pode levar a uma redução substancial dos resíduos; estudos indicam que os resíduos de materiais podem ser reduzidos até 25% após a adoção de tecnologias específicas.

Crescimento das receitas e novos modelos de negócio

A integração das tecnologias digitais e físicas também abre caminhos para o crescimento das receitas, criando novos resultados comerciais. As empresas podem desenvolver modelos de negócio disruptivos, como a venda da funcionalidade do produto em vez de apenas o produto tangível, o que pode melhorar a satisfação e a fidelidade do cliente, promovendo simultaneamente a sustentabilidade.

Esta mudança não só gera novos fluxos de receitas, como também se alinha com as iniciativas de sustentabilidade, incentivando a eco-inovação e a utilização de materiais mais leves e sustentáveis na conceção dos produtos.

Considerações económicas a longo prazo

Numa perspetiva de longo prazo, a adoção de tecnologias da Indústria 4.0 exige uma reavaliação da dinâmica da força de trabalho. À medida que a automatização aumenta, as empresas enfrentam desafios relacionados com a deslocação de postos de trabalho e a necessidade de atualizar as competências dos trabalhadores existentes.

Os gestores reconhecem a importância dos programas de formação para dotar a mão de obra das competências necessárias para se adaptar às novas tecnologias e permanecer competitiva num mercado em rápida mutação.

Este enfoque no desenvolvimento de competências é fundamental para promover uma economia empresarial sustentável que equilibre o crescimento económico com a responsabilidade social.

Impacto social

O advento da Indústria 4.0 está a transformar não só os paradigmas económicos, mas também as estruturas sociais e a dinâmica da força de trabalho. Esta mudança engloba vários elementos, incluindo a melhoria da segurança dos trabalhadores, a satisfação no trabalho e o bem-estar social, conduzindo a um ambiente de trabalho mais inclusivo e equitativo.

Segurança e formação dos trabalhadores

Tecnologias como a Realidade Aumentada (RA) e a Realidade Mista (RM) melhoraram significativamente a eficiência da formação dos trabalhadores e dos protocolos de segurança. Ao fornecerem orientação em tempo real durante as tarefas, estas tecnologias ajudam a reduzir os erros e a aumentar a qualidade dos produtos fabricados, promovendo assim um ambiente de trabalho mais seguro.

A integração destas tecnologias também contribuiu para a sustentabilidade social, minimizando os riscos no local de trabalho e melhorando a experiência global de formação dos trabalhadores.

Empenho e desenvolvimento dos trabalhadores

O envolvimento da força de trabalho é fundamental para o sucesso das transformações associadas à Indústria 4.0. As organizações que dão prioridade à participação dos funcionários no processo de tomada de decisões tendem a obter melhores resultados durante as suas iniciativas de transformação digital. Este envolvimento é facilitado por iniciativas que promovem a aprendizagem e o desenvolvimento, permitindo que os funcionários adquiram novas competências necessárias para se adaptarem às mudanças tecnológicas.

Por exemplo, as empresas estão a concentrar-se no desenvolvimento de competências específicas para o trabalho, o que é crucial para melhorar o nível de vida e aumentar o rendimento per capita da mão de obra.

Bem-estar económico e social

O impacto social da Indústria 4.0 estende-se a melhorias económicas mais amplas, particularmente nos países em desenvolvimento. A ênfase na criação de fábricas e redes de negócios inteligentes e sustentáveis apoia práticas que podem aliviar a pobreza extrema e promover a dignidade e a igualdade num ambiente saudável.

Com o potencial para avanços significativos na responsabilidade social das empresas, as iniciativas da Indústria 4.0 podem levar a melhores condições de trabalho e a uma maior satisfação no trabalho, melhorando assim a qualidade de vida global dos trabalhadores.

Desafios e considerações

Apesar dos impactos sociais positivos, há desafios que têm de ser enfrentados. A transição para processos mais automatizados pode resultar na perda de postos de trabalho em determinados sectores, o que exige programas de reciclagem rigorosos para preparar a mão de obra para novas funções no panorama industrial em mutação.

Além disso, o equilíbrio entre a contratação de novos talentos e a formação dos empregados existentes varia consoante a região, e existem diferentes perspectivas sobre a melhor abordagem para a transformação da força de trabalho.

A implementação das tecnologias da Indústria 4.0 apresenta inúmeros desafios e riscos que podem afetar a sustentabilidade ambiental. À medida que as organizações integram tecnologias inteligentes e conectadas nos seus processos de fabrico, enfrentam desafios ambientais inerentes que exigem uma monitorização e adaptação constantes dos processos de produção para satisfazer as novas exigências em matéria de consumo de energia e gestão de recursos.

Desafios ambientais

A transição para a Indústria 4.0 envolve frequentemente investimentos substanciais em novas máquinas, sensores e sistemas avançados de TI. As mudanças podem levar a um aumento do consumo de energia primária, o que implica riscos para a sustentabilidade ambiental se não for gerido de forma eficaz.

A integração dos ciber-sistemas físicos (CPS) exige não só recursos financeiros, mas também um empenhamento significativo no desenvolvimento de infra-estruturas, o que pode sobrecarregar os recursos naturais e humanos.

Além disso, embora a digitalização ofereça oportunidades de poupança de energia através de software de otimização e da integração da Internet das coisas, o potencial aumento da utilização de materiais e da complexidade operacional pode comprometer estes benefícios, conduzindo a impactos ambientais negativos.

A tensão entre a promessa de eficiência energética e a realidade do aumento da procura de energia reflecte a natureza dupla destes desenvolvimentos tecnológicos.

Análise baseada em cenários

Para compreender melhor os impactos a longo prazo da Indústria 4.0, foi utilizada uma abordagem baseada em cenários para identificar vários futuros potenciais em função do cumprimento dos Objectivos de Desenvolvimento Sustentável (ODS).

Estes cenários ilustram como factores como a adaptação da tecnologia e a atribuição de recursos podem criar caminhos divergentes para a sustentabilidade. Por exemplo, enquanto alguns cenários prevêem um impacto positivo na sustentabilidade durante as fases operacionais, outros sugerem resultados negativos durante a fase de implementação devido às grandes exigências de recursos da implantação inicial.

Implicações sociais

A dimensão social da Indústria 4.0 também apresenta desafios. O envolvimento da força de trabalho é fundamental para uma transformação bem-sucedida; sem ele, as empresas podem ter dificuldade em ampliar as suas iniciativas.

Os trabalhadores devem não só adaptar-se às novas tecnologias, mas também contribuir para uma cultura de sustentabilidade dentro da organização. perceção de que a segurança no trabalho pode ser comprometida e pode levar à resistência dos trabalhadores, complicando ainda mais o processo de implementação.

Por conseguinte, abordar o elemento humano - garantindo que os avanços tecnológicos se alinham com os valores e as necessidades dos funcionários - é fundamental para alcançar resultados sustentáveis na Indústria 4.0. As organizações devem dar prioridade à criação de locais de trabalho com significado que não só se concentrem na transformação tecnológica, mas também melhorem o bem-estar da sua força de trabalho, promovendo assim um ambiente operacional mais sustentável.

Estudos de casos

Visão geral das implementações da Indústria 4.0

As tecnologias da Indústria 4.0 têm sido aplicadas numa variedade de ambientes de fabrico para melhorar a sustentabilidade através do aumento da eficiência e da redução do impacto ambiental. Estas implementações servem como estudos de caso importantes para ilustrar os benefícios práticos e os desafios associados à adoção de práticas de fabrico avançadas.

A fábrica inteligente da Infineon

Localizada em Dresden, na Alemanha, a fábrica inteligente da Infineon apresenta uma das redes de fabrico mais inteligentes do mundo. Esta instalação é especializada na produção de semicondutores e emprega mais de 200 robots para ajudar na produção, melhorando assim a eficiência e a precisão do fabrico.

Todos os sistemas da fábrica estão interligados através de uma infraestrutura de TI avançada, permitindo a comunicação e a gestão de dados em tempo real. Esta integração facilita uma melhor gestão dos recursos e minimiza o consumo de energia, contribuindo ainda mais para práticas de fabrico sustentáveis.

Grupo Haier

O Grupo Haier em Qingdao, na China, é outro exemplo notável de como as tecnologias da Indústria 4.0 melhoram a sustentabilidade. A empresa utiliza uma abordagem de fabrico descentralizada que permite às unidades locais tomar decisões independentes, optimizando a produção com base na procura em tempo real.

Fábrica de Velocidade Adidas

A Fábrica Adidas Speed em Ansbach, Alemanha, representa uma mudança para uma maior sustentabilidade. produção através da utilização de tecnologias de fabrico avançadas. Ao adotar uma rede de fabrico modelo, a Adidas conseguiu reduzir os prazos de entrega e melhorar a personalização dos produtos, minimizando simultaneamente os impactos ambientais associados à produção em massa.

A integração de ferramentas digitais permite à Adidas responder rapidamente às alterações do mercado, conduzindo a padrões de consumo mais responsáveis.

Johnson & Johnson DePuy Síntese

Na Irlanda, a divisão DePuy Synthes da Johnson & Johnson implementou tecnologias da Indústria 4.0 para otimizar as operações e melhorar a qualidade dos produtos. A aplicação de análise de dados em tempo real permite à empresa monitorizar de perto os processos de produção, reduzindo a probabilidade de defeitos e desperdícios.

Este enfoque na qualidade e na eficiência não só apoia a sustentabilidade, como também melhora a competitividade global no sector da saúde.

Futuro da Indústria 4.0

O futuro da Indústria 4.0 representa uma mudança transformadora nas práticas industriais e de fabrico, caracterizada pela integração de tecnologias digitais avançadas, como a inteligência artificial (IA), a Internet das Coisas (IoT) e a robótica, nos processos de produção tradicionais. Esta Quarta Revolução Industrial visa criar sistemas de fabrico mais inteligentes, mais eficientes e interligados, alterando fundamentalmente a forma como os bens são produzidos e entregues em vários sectores. À medida que as organizações se adaptam a estas inovações, o significado para a eficiência operacional, a sustentabilidade e as necessidades da força de trabalho são profundas, o que torna este tópico proeminente nos debates sobre O Futuro do Trabalho e a Economia em Crescimento. A Indústria 4.0 engloba vários componentes-chave, incluindo a análise de dados, a automação e a tomada de decisões descentralizada, que contribuem para uma maior produtividade e otimização de recursos. Ao tirar partido dos dados em tempo real e da aprendizagem automática, os fabricantes podem obter maior flexibilidade e capacidade de resposta às exigências do mercado, melhorando simultaneamente o controlo da qualidade e reduzindo o desperdício. Espera-se que a integração destas tecnologias redefina os paradigmas tradicionais de fabrico, abrindo caminho a fábricas inteligentes e remodelando as cadeias de abastecimento a nível mundial. Além disso, as iniciativas de sustentabilidade estão a tornar-se cada vez mais uma parte integrante da Indústria 4.0, com as empresas a procurarem reduzir o seu impacto ambiental através de práticas eco-eficientes possibilitadas pelas tecnologias digitais. No entanto, a transição para a Indústria 4.0 não está isenta de desafios e controvérsias. As preocupações com a deslocação de postos de trabalho devido à automação e a necessidade de requalificar os trabalhadores surgiram como questões importantes no discurso em torno desta revolução industrial. Além disso, as empresas enfrentam obstáculos relacionados com a implementação tecnológica, os riscos de cibersegurança e a ausência de regulamentação normalizada que possa facilitar a integração de novos sistemas. Estes factores sublinham a complexidade da adoção das tecnologias da Indústria 4.0 e realçam a necessidade de planeamento estratégico e de envolvimento das partes interessadas neste cenário em rápida evolução. À medida que a Indústria 4.0 continua a avançar, as empresas enfrentam obstáculos relacionados com a implementação de tecnologias, riscos de cibersegurança e a ausência de regulamentação normalizada que possa facilitar a integração de novos sistemas. Estes factores sublinham a complexidade da adoção de tecnologias da Indústria 4.0 e realçam a necessidade de planeamento estratégico e de envolvimento das partes interessadas neste cenário em rápida evolução, desenvolvendo o seu significado para o emprego, a sustentabilidade ambiental e a resiliência económica, que serão áreas críticas de foco. O futuro promete uma série de novas oportunidades de emprego, juntamente com o surgimento de funções de fabrico avançadas, sublinhando a importância da aprendizagem e adaptação contínuas. Em suma, o futuro da Indústria 4.0 está preparado para remodelar não só o sector da produção, mas também a economia em geral, criando caminhos para a inovação e o crescimento que definirão a paisagem industrial nos próximos anos.

Contexto histórico

A evolução das práticas industriais sofreu transformações significativas, particularmente durante a Revolução Industrial, que é normalmente segmentada em duas fases distintas: a Primeira e a Segunda Revolução Industrial. A Primeira Revolução Industrial, que começou na Grã-Bretanha por volta de 1760, marcou uma mudança substancial dos métodos de produção manual para processos de fabrico baseados em máquinas, levando a aumentos significativos na produção e na eficiência em várias indústrias, especialmente a têxtil.

Este período termina com a introdução de inovações fundamentais, como a máquina a vapor e as novas técnicas de fabrico de produtos químicos, que facilitaram o aparecimento de sistemas fabris motorizados e anunciaram uma nova era de crescimento económico e urbanização.

O historiador Eric Hobsbawm salienta que estas mudanças industriais libertaram capacidades produtivas sem precedentes nas sociedades humanas, lançando assim as bases para a rápida expansão económica que tem caracterizado as economias modernas.

Com a mecanização das indústrias, assistiu-se a uma profunda transformação das estruturas sociais, com a deslocação de pessoas do meio rural agrário para os centros urbanos, onde as fábricas se tornaram os novos centros de emprego e de vida social.

A Segunda Revolução Industrial ocorreu no final do século XIX e início do século XX, marcada por novos avanços tecnológicos, como o aparecimento da eletricidade e do motor de combustão interna. Esta fase introduziu conceitos de produção em massa e linhas de montagem, revolucionando os processos de fabrico e fomentando interdependências económicas que viriam a moldar os mercados globais.

A introdução de técnicas de fabrico sofisticadas e de modelos de negócio inovadores durante este período lançou as bases para o atual discurso em torno da Indústria 4.0, que se baseia nestes desenvolvimentos históricos através da integração de tecnologias digitais e de sistemas inteligentes nos processos de produção.

O contexto destas revoluções industriais é essencial para compreender a transformação em curso conhecida como Indústria 4.0, em que a análise de dados, a robótica e a inteligência artificial estão preparadas para redefinir a produção mais uma vez, criando um cenário de fábricas inteligentes e sistemas autónomos.

Ênfase na sustentabilidade

A sustentabilidade está a tornar-se uma questão cada vez mais central na Indústria 4.0, onde as empresas enfrentam desafios complexos relacionados com as emissões de carbono, a escassez de recursos e a alteração das expectativas dos consumidores. Para abordar estas questões, as organizações estão a integrar tecnologias digitais nas suas cadeias de valor, reforçando os seus esforços de sustentabilidade. Esta abordagem holística reconhece que a sustentabilidade deve ser um elemento fundamental dos sistemas de produção e não uma reflexão posterior. Espera-se que as empresas aproveitem as tecnologias da Indústria 4.0 para melhorar o seu impacto ambiental, ao mesmo tempo que alcançam eficiências operacionais e melhoram a qualidade dos produtos.

Avanços tecnológicos

O futuro do fabrico está intimamente ligado ao avanço contínuo de tecnologias como a inteligência artificial, a Internet das Coisas (IoT) e a robótica. Estas inovações estão a transformar os processos de fabrico tradicionais, permitindo uma maior flexibilidade, produtividade e qualidade. À medida que estas tecnologias convergem, espera-se que criem sistemas de produção mais sofisticados, capazes de se adaptarem à rápida evolução das exigências do mercado. A integração destas tecnologias permitirá aos fabricantes alcançar uma maior eficiência operacional e enfrentar os desafios emergentes de forma mais eficaz.

Tomada de decisões com base em dados

Prevê-se que a dependência dos dados se intensifique, com as empresas a recorrerem cada vez mais à análise avançada e à aprendizagem automática para melhorar os processos de tomada de decisões. Os métodos tradicionais de previsão da procura estão a tornar-se obsoletos face a choques externos sem precedentes, como a pandemia de COVID-19, levando as empresas a adotar técnicas de previsão mais robustas e adaptáveis. A capacidade de tirar partido dos dados em tempo real e da análise preditiva será crucial para as organizações que se esforçam por manter a vantagem competitiva no panorama em rápida evolução da Indústria 4.0.

Criação de emprego e oportunidades de carreira

À medida que a Indústria 4.0 avança, estão a surgir novas categorias profissionais e oportunidades de carreira numa variedade de sectores. Prevê-se que os postos de trabalho em ciência dos dados, cibersegurança e fabrico avançado tenham uma procura elevada, reflectindo a necessidade de profissionais qualificados que possam navegar neste novo terreno tecnológico. A ênfase na aprendizagem contínua e no desenvolvimento de competências será vital para as pessoas que procuram prosperar neste mercado de trabalho transformado.

Espera-se que a convergência das práticas industriais tradicionais com as tecnologias digitais avançadas não só melhore a produtividade, mas também crie uma multiplicidade de carreiras que não existiam anteriormente.

Capítulo 2: Efeitos da Indústria 4.0 nas operações da cadeia de abastecimento

A Indústria 4.0 transformou significativamente as operações da cadeia de abastecimento ao integrar tecnologias avançadas como a Internet das Coisas (IoT), a análise de grandes volumes de dados e a inteligência artificial (IA) nos processos tradicionais de fabrico e logística. Esta integração cria um ambiente de fabrico inteligente em que os dados em tempo real e a automatização melhoram a tomada de decisões e a eficiência operacional.

Melhoria da transparência e do controlo

Um dos efeitos mais notáveis da Indústria 4.0 nas operações da cadeia de abastecimento é a melhoria da transparência de ponta a ponta e o rastreio de activos em tempo real. A capacidade de monitorizar toda a cadeia de abastecimento em tempo real permite às empresas identificar a localização exacta dos bens, quer estejam encomendados, em trânsito ou armazenados num armazém. Esta visibilidade não só minimiza as situações de rutura de stock, como também melhora a exatidão das encomendas e a hora prevista de chegada (ETA) (Waller & Fawcett, 2013).

A transparência na cadeia de abastecimento é conseguida através da implementação de tecnologias IoT, que permitem a recolha de dados através de sensores e dispositivos ligados. Estas tecnologias são essenciais para o acompanhamento em tempo real, uma vez que facilitam a comunicação contínua entre os diferentes actores da cadeia. Por exemplo, a utilização de RFID (Radio Frequency Identification) e de códigos de barras permite um rastreio eficiente e preciso dos produtos, fornecendo informações valiosas que podem ser utilizadas para tomar decisões informadas (Kumar & Singh, 2019).

Uma melhor visibilidade da cadeia de abastecimento também permite às empresas reagir rapidamente a perturbações. Quando ocorre um problema, como um atraso no transporte ou uma falha na produção, a capacidade de identificar imediatamente a causa principal é crucial. Isto permite às empresas implementar soluções rápidas e eficazes, minimizando o impacto na operação global (Waller & Fawcett, 2013).

Além disso, a transparência na cadeia de abastecimento promove uma colaboração mais eficaz entre os diferentes actores envolvidos. Ao partilhar informações em tempo real, os fornecedores, fabricantes e distribuidores podem trabalhar em conjunto de forma mais coesa, resultando num planeamento mais eficaz e numa resposta mais ágil às exigências do mercado. Isto é especialmente importante num ambiente empresarial em rápida mudança, em que a capacidade de adaptação a novas condições é vital para o sucesso (Chae, 2019).

Um melhor acompanhamento dos activos tem também um impacto positivo na gestão do inventário. A capacidade de rastrear produtos e materiais em tempo real ajuda as empresas a otimizar os seus níveis de inventário, reduzindo a necessidade de manter grandes quantidades de stock. Isto não só liberta capital que pode ser utilizado noutras áreas da empresa, como também reduz os custos associados ao armazenamento e à gestão do inventário (Kamble et al., 2020).

Em termos de sustentabilidade, a transparência da cadeia de abastecimento também desempenha um papel crucial. Ao ter um melhor controlo sobre os ativos e os processos, as empresas podem identificar áreas onde podem reduzir os resíduos e melhorar a eficiência energética. Tal contribui para uma maior sustentabilidade operacional, alinhando-se com as expetativas dos consumidores e com regulamentos ambientais cada vez mais rigorosos (Bai et al., 2019).

Por último, a implementação de tecnologias avançadas para melhorar a transparência e o controlo não está isenta de desafios. As empresas devem abordar questões de interoperabilidade entre sistemas e segurança dos dados para garantir que a informação partilhada é exacta e segura. A formação do pessoal e a gestão da mudança são também aspectos críticos que devem ser considerados para garantir uma transição bem sucedida para uma cadeia de abastecimento mais digitalizada (Kamble et al., 2020).

Sustentabilidade e ecoeficiência

A Indústria 4.0 desempenha um papel crucial na promoção da sustentabilidade nas cadeias de abastecimento. À medida que as empresas adoptam tecnologias digitais, podem implementar práticas de ecoeficiência que têm um impacto positivo em vários indicadores de desempenho, incluindo custos, qualidade e gestão de recursos. Esta abordagem não só ajuda as organizações a reduzir a sua pegada ecológica, como também oferece oportunidades de inovação e melhoria contínua dos seus processos operacionais.

Ecoeficiência e redução de resíduos

A ecoeficiência refere-se à criação de mais bens e serviços utilizando menos recursos e gerando menos resíduos e poluição. Ao integrar tecnologias avançadas, como a Internet das Coisas (IoT) e a análise de dados, as empresas podem monitorizar e otimizar o seu consumo de recursos em tempo real. Isto permite-lhes identificar e eliminar processos ineficientes que produzem resíduos, contribuindo para uma operação mais sustentável (Bai et al., 2019).

Por exemplo, as fábricas inteligentes utilizam sensores para monitorizar a utilização de energia e água, permitindo aos gestores ajustar os processos de produção para minimizar o consumo. De acordo com um estudo de Kusiak (2018), a implementação destas tecnologias pode reduzir o consumo de energia em 20-30% e o consumo de água em 15-20%, resultando em poupanças significativas e numa menor pegada ambiental.

Contribuição para a economia circular

A Indústria 4.0 também facilita a transição para uma economia circular, em que os recursos são reutilizados e reciclados em vez de descartados. Ao empregar tecnologias digitais, as empresas podem acompanhar o ciclo de vida dos seus produtos, permitindo-lhes identificar oportunidades de reutilização de materiais e componentes. Isto não só reduz a necessidade de recursos virgens, como também reduz a quantidade de resíduos gerados (Geissdoerfer et al., 2018).

Um exemplo disso é a utilização de plataformas digitais que ligam as empresas a fornecedores de reciclagem, permitindo que os materiais descartados sejam reintroduzidos no processo de produção. Esta prática não só contribui para a sustentabilidade ambiental, como também pode resultar em reduções de custos operacionais ao reduzir a dependência de novos materiais.

Análise de dados para a sustentabilidade

A implementação de tecnologias de análise de dados permite que as empresas acompanhem o seu desempenho ambiental com maior exatidão. Ao analisar os dados sobre o consumo de energia, água e emissões, as organizações podem identificar áreas de melhoria e estabelecer objectivos de sustentabilidade mais ambiciosos. De acordo com um relatório de Raut et al. (2020), a análise de dados pode ajudar as empresas a otimizar as suas operações e a cumprir a regulamentação ambiental de forma mais eficaz.

Além disso, as ferramentas de análise preditiva podem prever o impacto ambiental de diferentes decisões operacionais. Isto permite que as empresas avaliem as consequências das suas acções antes de as implementarem, garantindo a tomada de decisões mais sustentáveis a longo prazo.

Inovação nos processos de produção

A digitalização da cadeia de abastecimento também promove a inovação nos processos de produção. As empresas podem utilizar tecnologias como o fabrico aditivo (impressão 3D) para produzir componentes de forma mais eficiente e com menos desperdício de material. Esta técnica permite fabricar apenas o que é necessário, reduzindo assim os excedentes de produção e minimizando os resíduos (Kamble et al., 2020).

Além disso, as fábricas inteligentes podem ajustar automaticamente os processos de produção com base nos dados recolhidos, optimizando a utilização dos recursos e reduzindo o desperdício em tempo real. Isto não só melhora a eficiência, como também ajuda as empresas a serem mais ágeis e a adaptarem-se às exigências do mercado.

Melhorar a responsabilidade social das empresas

A adoção de práticas sustentáveis impulsionadas pela Indústria 4.0 também melhora a responsabilidade social das empresas (RSE). Os consumidores estão cada vez mais conscientes do impacto ambiental das suas decisões de compra e preferem apoiar as marcas que demonstram um compromisso com a sustentabilidade. Ao implementar tecnologias de ecoeficiência, as empresas podem destacar os seus esforços de sustentabilidade, melhorando a sua imagem de marca e apelando a um público mais vasto (Porter & Kramer, 2011).

Isto é especialmente relevante numa altura em que os regulamentos ambientais são cada vez mais rigorosos. As empresas que adoptam proactivamente práticas sustentáveis estão mais aptas a cumprir estes regulamentos e a evitar sanções, o que, por sua vez, melhora a sua posição competitiva no mercado.

Poupança e sustentabilidade económica

A sustentabilidade e a ecoeficiência não só são benéficas para o ambiente, como também podem resultar em poupanças significativas para as empresas. A redução do consumo de recursos e a minimização dos resíduos traduzem-se diretamente em custos operacionais mais baixos. De acordo com um estudo da Accenture (2019), as empresas que implementam práticas sustentáveis podem ver um retorno do investimento (ROI) de até 40% em iniciativas de eficiência energética e redução de resíduos.

Estas poupanças podem ser reinvestidas na inovação e no desenvolvimento de novos produtos, criando um ciclo positivo que beneficia tanto a empresa como o ambiente. Investir em tecnologias digitais para a sustentabilidade não é apenas um imperativo ético, mas também uma estratégia financeiramente inteligente.

Desafios na implementação de tecnologias sustentáveis

Apesar dos benefícios, a implementação de tecnologias sustentáveis na Indústria 4.0 apresenta desafios. As empresas têm de ultrapassar barreiras tecnológicas, organizacionais e culturais para integrar eficazmente estas tecnologias nas suas operações. A falta de conhecimento e experiência na utilização de tecnologias digitais pode ser um obstáculo significativo (Kamble et al., 2020).

Para além disso, a segurança dos dados é uma grande preocupação. À medida que as empresas recolhem e analisam grandes quantidades de dados, têm de garantir que a informação está protegida contra ciberataques e vulnerabilidades. O investimento em cibersegurança é essencial para salvaguardar tanto os dados operacionais como a confiança dos consumidores nas práticas sustentáveis da empresa.

Tomada de decisões baseada em dados

A capacidade de aproveitar a análise de dados para uma melhor tomada de decisões é um dos impactos mais significativos da Indústria 4.0 nas cadeias de abastecimento. Num ambiente empresarial caracterizado pelo dinamismo e pela constante mudança das preferências dos consumidores, a utilização de dados tornou-se um fator-chave para a competitividade. As empresas que integram tecnologias de análise de dados nas suas operações são capazes de tomar decisões mais informadas e estratégicas, permitindo-lhes melhorar o seu desempenho e adaptar-se rapidamente às condições do mercado.

Informação de mercado em tempo real

As empresas utilizam a inteligência de mercado em tempo real para modelar os comportamentos dos clientes e antecipar as suas necessidades. Isto é conseguido através da recolha e análise de dados de uma variedade de fontes, como as redes sociais, inquéritos e transacções em linha. Ao ter acesso a informações actualizadas sobre as preferências dos consumidores, as organizações podem ajustar as suas estratégias de marketing e de desenvolvimento de produtos, garantindo que satisfazem as exigências do mercado de forma mais eficaz (Chae, 2019).

Previsão da procura

A capacidade de prever a procura com maior exatidão é outra das principais vantagens da análise de dados. Utilizando algoritmos avançados de aprendizagem automática, as empresas podem analisar padrões históricos de vendas, tendências sazonais e outros factores que influenciam a procura. Isto permite-lhes ajustar os seus níveis de inventário e de produção, evitando o excesso de stock e a escassez. De acordo com um estudo de Waller et al. (2014), as empresas que implementam ferramentas de análise preditiva podem reduzir os custos de inventário em 20-30%, o que resulta numa melhoria significativa da eficiência operacional.

Otimização dos níveis de inventário

A otimização dos níveis de inventário é crucial para melhorar o serviço ao cliente. Ao utilizar dados em tempo real para gerir o inventário, as empresas podem garantir que os produtos estão disponíveis quando os clientes os solicitam, o que melhora a satisfação do cliente e promove a fidelidade à marca. Além disso, uma gestão eficiente do inventário também permite às empresas reduzir os custos associados ao armazenamento e à obsolescência dos produtos (Kamble et al., 2020).

Programação da produção

Os algoritmos de aprendizagem automática não só melhoram a previsão da procura, como também facilitam a programação da produção. Ao analisar dados sobre a disponibilidade de recursos, as capacidades de produção e os prazos de entrega, as empresas podem otimizar as suas linhas de produção para maximizar a eficiência e minimizar o tempo de inatividade. Isto é especialmente importante em ambientes de produção enxuta, onde cada minuto de inatividade pode resultar em perdas significativas (Chae, 2019).

Planeamento da manutenção

O planeamento da manutenção é outra área em que a análise de dados desempenha um papel fundamental. As tecnologias de manutenção preditiva utilizam dados de sensores e monitorização em tempo real para antecipar as falhas do equipamento antes de estas ocorrerem. Isto permite às empresas programar a manutenção de forma a minimizar as interrupções na produção, melhorando a resiliência operacional e a disponibilidade dos activos (Lee et al., 2014).

Adaptação às flutuações do mercado

A capacidade de se adaptar rapidamente às flutuações do mercado é essencial na

Indústria 4.0. As empresas que utilizam a análise de dados podem reagir de forma ágil às mudanças na procura, ajustando as suas operações para satisfazer as novas condições. Isto permite-lhes não só sobreviver às flutuações do mercado, mas também tirar partido de oportunidades emergentes que poderiam ter passado despercebidas sem a análise correta (Raut et al., 2020).

Melhoria contínua através da análise de dados

A análise de dados também promove uma cultura de melhoria contínua nas organizações. À medida que as empresas recolhem mais dados e os analisam, podem identificar áreas de melhoria nos seus processos operacionais. Isto aplica-se não só à cadeia de abastecimento, mas também a outras áreas da empresa, como os recursos humanos e o serviço ao cliente. O feedback constante baseado em dados permite às empresas adaptarem-se e evoluírem num ambiente empresarial em constante mudança (Kamble et al., 2020).

Desafios na tomada de decisões com base em dados

Apesar dos benefícios, a implementação da tomada de decisões baseada em dados também apresenta desafios. As empresas têm de garantir que dispõem da infraestrutura adequada para recolher e analisar grandes volumes de dados. Isto inclui o investimento em tecnologias de grandes volumes de dados e em competências analíticas no seio da força de trabalho. A segurança dos dados é também uma grande preocupação, uma vez que as empresas devem proteger as informações sensíveis contra ciberataques e violações da segurança (Kamble et al., 2020).

Desafios na implementação da Indústria 4.0 nas cadeias de abastecimento

A implementação das tecnologias da Indústria 4.0 nas cadeias de abastecimento apresenta uma série de desafios que as organizações têm de enfrentar para concretizar plenamente os potenciais benefícios. Estes desafios podem ser categorizados em questões tecnológicas, organizacionais e relacionadas com o mercado. Apesar da integração bem-sucedida das tecnologias da Indústria 4.0, muitas empresas enfrentam desafios durante a implementação. Uma análise de estudo de caso identificou problemas comuns, como operações em silos e falta de alinhamento entre a tecnologia da informação e a tecnologia operacional (Kamble et al., 2020).

Desafios tecnológicos

Um dos principais desafios que as empresas enfrentam é a integração de tecnologias avançadas nos seus sistemas actuais. A falta de interoperabilidade entre os sistemas antigos e as novas soluções pode limitar a capacidade das organizações de implementar eficazmente as tecnologias da Indústria 4.0. A integração de dispositivos IoT, plataformas de análise de dados e sistemas de gestão da cadeia de abastecimento exige uma infraestrutura tecnológica robusta que muitas empresas ainda não possuem (Kamble et al., 2020).

Além disso, a cibersegurança torna-se uma preocupação fundamental à medida que as empresas digitalizam as suas operações. A interconexão de dispositivos e sistemas aumenta a superfície de ataque, expondo as organizações a riscos de segurança. A implementação de medidas adequadas de cibersegurança é essencial para proteger os dados sensíveis e assegurar a continuidade operacional (Kamble et al., 2020).

Desafios organizacionais

Os desafios organizacionais também desempenham um papel importante na implementação da Indústria 4.0. Muitas empresas enfrentam resistência interna à mudança, o que pode dificultar a adoção de novas tecnologias. A cultura organizacional e a mentalidade dos funcionários são aspectos críticos que devem ser considerados. As organizações devem promover uma cultura de inovação e aprendizagem contínua para facilitar a transição para um ambiente digital (Hazen et al., 2014).

A falta de competências e conhecimentos técnicos do pessoal é outro obstáculo significativo. A implementação bem sucedida de tecnologias avançadas exige pessoal formado que possa gerir e operar esses sistemas. As empresas precisam de investir na formação e no desenvolvimento de competências para preparar a sua força de trabalho para o futuro digital (Wang et al., 2016).

Desafios relacionados com o mercado

No contexto do mercado, as empresas também enfrentam desafios significativos. A rápida evolução da tecnologia e a alteração das expectativas dos clientes exigem que as organizações se adaptem rapidamente. No entanto, muitas empresas lutam para acompanhar os avanços tecnológicos e as exigências do mercado. Este desalinhamento pode resultar numa falta de competitividade e na perda de oportunidades de negócio (Chae, 2019).

A incerteza económica e as flutuações na procura do mercado podem complicar ainda mais a implementação das tecnologias da Indústria 4.0. As empresas têm de ser capazes de antecipar e reagir a estas mudanças, o que exige flexibilidade e agilidade que muitas vezes não existem nas estruturas organizacionais tradicionais (Kamble et al., 2020).

Falta de visão estratégica

Um desafio crítico na implementação da Indústria 4.0 é a falta de uma visão estratégica clara. Muitas organizações abordam a digitalização de forma fragmentada, sem um plano abrangente que oriente os seus esforços. Esta falta de orientação pode resultar em investimentos ineficientes e na implementação de tecnologias que não se alinham com os objectivos empresariais globais (Hazen et al., 2014).

A falta de uma liderança empenhada e de uma estratégia bem definida pode levar a que as iniciativas da Indústria 4.0 se tornem projectos isolados, em vez de uma parte integrante da estratégia empresarial. As empresas devem estabelecer um roteiro claro para a transformação digital, garantindo que todas as partes interessadas estejam alinhadas e comprometidas com os objectivos (Kamble et al., 2020).

Escalabilidade das soluções

Outro desafio significativo é a escalabilidade das soluções implementadas. Embora uma tecnologia possa funcionar bem em pequena escala, o seu desempenho pode ser afetado à medida que se expande pela organização. As empresas devem considerar como escalar as suas soluções de forma eficaz, garantindo que podem suportar o aumento da produção e da complexidade operacional (Chae, 2019).

O planeamento prévio e o investimento em infra-estruturas adequadas são fundamentais para resolver este problema. As empresas devem avaliar cuidadosamente as suas capacidades e necessidades antes de implementarem novas tecnologias, o que lhes permitirá escalar de forma sustentável e eficaz (Kamble et al., 2020).

Colaboração com parceiros da cadeia de abastecimento

A colaboração efectiva com os parceiros da cadeia de abastecimento é essencial para o sucesso da implementação da Indústria 4.0. No entanto, muitas empresas têm dificuldade em integrar os seus sistemas com os dos seus fornecedores e clientes. A falta de normas e protocolos de comunicação comuns pode dificultar a colaboração e a integração de processos (Hazen et al., 2014).

As empresas devem trabalhar em estreita colaboração com os seus parceiros para desenvolver soluções interoperáveis que facilitem a comunicação e a partilha de dados. A criação de ecossistemas colaborativos pode melhorar a eficiência e a eficácia da cadeia de abastecimento, permitindo às organizações tirar o máximo partido das oportunidades oferecidas pela Indústria 4.0 (Wang et al., 2016).

Desafios estratégicos e recomendações

Para enfrentar estes desafios, recomenda-se que as empresas se concentrem na construção de uma arquitetura mínima viável que permita a implantação e o ajustamento graduais com base no feedback do mundo real. Ao dar prioridade à identificação de oportunidades imediatas de impacto, as empresas podem criar uma dinâmica para os seus esforços de transformação digital, tal como demonstrado por organizações que navegaram com sucesso nestas complexidades (Wang et al., 2016). A formação do pessoal e a gestão da mudança também são aspetos críticos que devem ser considerados para garantir uma transição suave para a Indústria 4.0.

Priorização das oportunidades imediatas

É fundamental dar prioridade à identificação de oportunidades imediatas de impacto. As empresas devem avaliar as suas operações atuais e determinar onde as tecnologias da Indústria 4.0 podem gerar benefícios rápidos e tangíveis. Isto pode incluir a automatização de processos, a melhoria do controlo de inventário ou a otimização da logística (Chae, 2019).

Ao concentrarem-se em áreas que oferecem um retorno sobre o investimento (ROI) relativamente rápido, as empresas podem criar uma dinâmica nos seus esforços de transformação digital. Esta abordagem não só melhora a eficiência operacional, como também fornece uma história de sucesso que pode ser utilizada para obter apoio adicional dentro da organização.

Formação do pessoal

A formação do pessoal é um aspeto crítico de uma transição suave para a Indústria 4.0. À medida que as empresas implementam novas tecnologias, é essencial que os funcionários saibam como as utilizar de forma eficaz. Isto inclui não só a formação técnica, mas também o desenvolvimento de competências transversais, como a adaptabilidade e o trabalho em equipa (Hazen et al., 2014).

As organizações devem investir em programas de formação contínua que não só ensinem os empregados sobre as novas tecnologias, mas também promovam uma mentalidade de inovação e melhoria contínua. Isto ajudará a preparar a força de trabalho para as mudanças que se avizinham e facilitará a adoção de novas ferramentas e processos.

Gestão da mudança

A gestão da mudança é outro componente essencial para a implementação bem-sucedida da Indústria 4.0. A resistência à mudança é um desafio comum nas organizações, e é crucial abordar as preocupações dos funcionários de forma proactiva. Isto implica comunicar claramente os benefícios da transformação digital e a forma como esta afectará positivamente cada membro da equipa (Wang et al., 2016).

Uma abordagem eficaz da gestão da mudança inclui a criação de equipas de mudança dedicadas que possam orientar a organização ao longo do processo de transformação. Estas equipas podem fornecer apoio e recursos, bem como ser um canal para o feedback dos empregados, o que ajuda a ajustar a abordagem conforme necessário.

Fomentar uma cultura de inovação

Promover uma cultura de inovação dentro da organização é vital para o sucesso da adoção da Indústria 4.0. As empresas devem incentivar os funcionários a experimentar e propor novas ideias sem medo de falhar. Isto pode ser conseguido através da implementação de incentivos e programas de reconhecimento que recompensem a inovação e a criatividade (Hazen et al., 2014).

Uma cultura de inovação não só melhora a moral dos funcionários, como também pode resultar em soluções criativas para problemas complexos. Ao dar aos empregados a possibilidade de participarem no processo de transformação, as empresas podem beneficiar de uma maior diversidade de ideias e abordagens.

Estabelecimento de parcerias estratégicas

O estabelecimento de parcerias estratégicas com fornecedores de tecnologia e outros actores relevantes da indústria pode facilitar a implementação da Indústria 4.0. Essas colaborações podem fornecer acesso a conhecimentos especializados, tecnologias avançadas e melhores práticas que podem acelerar o processo de transformação (Kamble et al., 2020).

As empresas devem procurar parcerias que complementem as suas capacidades internas e as ajudem a ultrapassar as limitações tecnológicas e de conhecimento. Trabalhar com parceiros estratégicos permite às organizações partilhar riscos e recursos, o que pode resultar numa implementação mais bem sucedida.

Avaliação e medição do desempenho

A avaliação e a medição do desempenho são fundamentais para garantir que os esforços de transformação digital estão alinhados com os objetivos de negócio. As empresas devem estabelecer métricas e KPIs claros que lhes permitam monitorizar o progresso e o impacto das tecnologias da Indústria 4.0 (Chae, 2019).

A recolha de dados sobre o desempenho operacional e as reacções dos trabalhadores ajudarão as organizações a identificar as áreas a melhorar e a ajustar as suas estratégias conforme necessário. Esta prática de avaliação contínua também demonstra o empenhamento da empresa na melhoria e na adaptabilidade.

Flexibilidade e adaptabilidade

Por último, as empresas devem adotar uma mentalidade de flexibilidade e adaptabilidade. O ambiente empresarial está em constante mudança e as organizações que conseguirem ajustar rapidamente as suas estratégias e operações estarão mais bem posicionadas para prosperar na era digital. Isto implica não só estar aberto às novas tecnologias, mas também ser reativo ao feedback do mercado e à evolução das necessidades dos consumidores (Wang et al., 2016).

As empresas que promovem uma cultura de aprendizagem e adaptação podem enfrentar mais facilmente os desafios da implementação da Indústria 4.0 e tirar o máximo partido das oportunidades que surgem.

Capítulo 3: Desafios e oportunidades na implementação da Indústria 4.0

A implementação da Indústria 4.0 (I 4.0) representa uma mudança significativa nas práticas industriais, introduzindo dinâmicas multifacetadas que envolvem a integração de tecnologias avançadas nos processos de fabrico. Este conceito, enraizado na Quarta Revolução Industrial, destaca a forma como as inovações digitais, como a inteligência artificial (IA), a Internet das Coisas (IoT) e a computação em nuvem, se combinam para criar ambientes de fabrico inteligentes e automatizados (Kamble et al., 2020).

Desafios de implementação

A transição para a I 4.0 apresenta uma série de desafios que as organizações devem ultrapassar para adotar e implementar com êxito estas tecnologias avançadas.

Barreiras financeiras

Um dos principais obstáculos na implementação da Indústria 4.0 (I 4.0) é o elevado investimento inicial necessário e a incerteza relacionada com o retorno do investimento (ROI). Esta situação é agravada pela perceção do risco associado às tecnologias emergentes. Muitas organizações têm dificuldade em justificar os custos iniciais da implementação de tecnologias avançadas, especialmente quando os benefícios financeiros podem não ser imediatos. Como salientam Waller e Fawcett (2014), esta hesitação pode dissuadir as empresas de avançarem para as mudanças necessárias, especialmente em ambientes competitivos em que a adaptabilidade é essencial.

A falta de clareza sobre o ROI pode levar a decisões conservadoras, em que as empresas preferem manter os seus sistemas antigos em vez de investir em novas tecnologias. Este fenómeno é comum nas indústrias onde as margens de lucro são apertadas e a pressão para reduzir os custos é constante. As organizações podem ter receio de afetar capital significativo a iniciativas que não garantam resultados imediatos, o que pode resultar numa perda de competitividade em comparação com as que fazem o investimento (Kamble et al., 2020).

Além disso, a incerteza financeira associada à I4.0 pode ser particularmente assustadora para as pequenas e médias empresas (PME), que muitas vezes têm recursos limitados. Estas organizações podem não ter capacidade para absorver custos iniciais elevados, o que as coloca numa situação de desvantagem competitiva em relação às empresas de maior dimensão e com maior capacidade de investimento. Como resultado, as PME podem perder oportunidades de inovação que poderiam ter melhorado a sua eficiência e adaptabilidade (Hazen et al., 2014).

Para ultrapassar estas barreiras financeiras, as organizações devem considerar estratégias de financiamento alternativas, tais como parcerias público-privadas ou fundos de investimento específicos para a inovação tecnológica. Além disso, é essencial realizar uma análise custo-benefício exaustiva que não só avalie os benefícios económicos a curto prazo, mas também considere os benefícios a longo prazo, como a melhoria da qualidade dos produtos e a satisfação dos clientes. Isto pode ajudar as empresas a visualizar o valor acrescentado que a I4.0 pode trazer às suas operações.

Por último, a formação e o desenvolvimento da força de trabalho são investimentos que também devem ser considerados no âmbito do quadro financeiro. O investimento em competências e conhecimentos pode ser um fator-chave para maximizar o ROI da I 4.0. De acordo com Kusiak (2018), as organizações que investem na formação da força de trabalho não só aumentam a sua capacidade de implementar tecnologias avançadas, mas também promovem uma cultura de inovação que pode resultar em crescimento sustentável e vantagem competitiva a longo prazo. Em suma, a resolução dos obstáculos financeiros implica uma abordagem estratégica que considere investimentos não só em tecnologia, mas também em capital humano.

Integração tecnológica

A integração efectiva das tecnologias nos sistemas e fluxos de trabalho existentes é simultaneamente imperativa e complexa para as organizações que procuram implementar a Indústria 4.0 (I 4.0). A adoção de novas tecnologias não só exige um investimento financeiro significativo, como também envolve mudanças culturais e organizacionais. As empresas têm de selecionar fornecedores adequados e garantir que as tecnologias emergentes são perfeitamente integradas nas suas operações. Isto torna o planeamento e a execução da integração processos críticos que requerem uma atenção cuidadosa (Kamble et al., 2020).

Um dos desafios mais importantes na integração tecnológica é a falta de formatos de dados normalizados. Num ambiente industrial em que vários sistemas e dispositivos têm de comunicar entre si, a ausência de normas comuns pode conduzir a silos de informação. Isto não só dificulta a colaboração e a partilha de dados, como também pode levar a erros na tomada de decisões. Como Waller e Fawcett (2014) salientam, a interoperabilidade é essencial para tirar partido das capacidades das tecnologias avançadas, e a falta de normas pode constituir um obstáculo significativo.

Além disso, as interfaces incompatíveis entre sistemas diferentes podem complicar ainda mais a integração. Muitas organizações utilizam sistemas antigos que não foram concebidos para interagir com as novas tecnologias I4.0. Este desalinhamento pode resultar numa implementação fragmentada, em que as tecnologias não funcionam de forma coesa, limitando o potencial de melhoria da eficiência e da produtividade (Hazen et al., 2014). Para ultrapassar este desafio, é fundamental que as empresas efectuem um inventário exaustivo dos seus sistemas existentes e avaliem a forma como as novas tecnologias podem ser efetivamente incorporadas.

A seleção dos fornecedores também desempenha um papel crucial no sucesso da integração tecnológica. As organizações devem considerar não só a qualidade das tecnologias oferecidas, mas também a capacidade do fornecedor para oferecer apoio técnico e formação. Colaborar com fornecedores que têm experiência na implementação de soluções I 4.0 pode facilitar o processo e reduzir o tempo de inatividade associado à transição para novas tecnologias (Kusiak, 2018). Estabelecer relações fortes e de confiança com os fornecedores é essencial para garantir uma implementação tranquila.

A formação do pessoal é outro aspeto fundamental do processo de integração. A falta de competências adequadas na força de trabalho pode ser um grande obstáculo. As organizações devem investir em programas de formação que permitam aos seus empregados desenvolver as competências necessárias para gerir e utilizar as novas tecnologias. Isto não só aumenta a eficácia da implementação, como também promove uma cultura de inovação e de melhoria contínua (Raut et al., 2020).

Além disso, a integração tecnológica deve ser encarada como um processo contínuo e não como um acontecimento pontual. À medida que as tecnologias evoluem e surgem novas ferramentas, as organizações devem estar preparadas para adaptar os seus sistemas e processos. Isto implica não só a atualização das tecnologias existentes, mas também a revisão e a melhoria dos fluxos de trabalho para maximizar a eficiência (Chae, 2019). A flexibilidade e a agilidade das organizações são fundamentais para se manterem competitivas num ambiente em constante mudança.

Por último, a gestão da mudança é um aspeto crítico que é frequentemente negligenciado no processo de integração. As organizações devem reconhecer que a adoção de novas tecnologias pode gerar resistência entre os funcionários. O estabelecimento de uma comunicação clara sobre os benefícios da integração e a prestação de apoio adequado durante a transição podem ajudar a mitigar essa resistência. O envolvimento dos trabalhadores no processo de mudança e a promoção de um ambiente inclusivo podem facilitar uma integração mais bem sucedida e sustentável (Porter & Kramer, 2011).

Mão de obra qualificada

A disponibilidade de mão de obra qualificada é um desafio crítico na implementação da Indústria 4.0 (I 4.0). Existe um fosso considerável entre as capacidades da força de trabalho atual e as competências necessárias para operar tecnologias avançadas. Esta disparidade tornou-se um obstáculo significativo para as organizações que procuram adotar tecnologias emergentes, uma vez que a falta de pessoal qualificado pode limitar a sua capacidade de maximizar o potencial da I 4.0 (Kusiak, 2018).

Para colmatar esta lacuna, as organizações devem investir em programas de formação e desenvolvimento profissional. A formação contínua é essencial para dotar os trabalhadores das competências necessárias para gerir e utilizar eficazmente as novas tecnologias. Isto implica não só a formação técnica em ferramentas específicas, mas também o desenvolvimento de competências em análise de dados, cibersegurança e gestão de sistemas complexos. Ao fazê-lo, as empresas podem fomentar uma cultura de inovação e adaptabilidade que lhes permita manterem-se competitivas num ambiente industrial em constante mutação (Raut et al., 2020).

Além disso, as organizações devem considerar a possibilidade de colaborar com instituições de ensino e centros de formação para criar programas de formação alinhados com as necessidades do mercado. Estas colaborações podem facilitar a criação de uma reserva de talentos qualificados prontos para enfrentar os desafios da I4.0. Isto não só colmata as lacunas de competências, como também reforça a relação entre a indústria e a educação, o que é benéfico para ambas as partes (Chae, 2019).

Atualização tecnológica e sustentabilidade

As organizações que pretendem implementar a Indústria 4.0 (I 4.0) devem estar preparadas para atualizar continuamente as suas tecnologias. A rápida evolução das ferramentas e sistemas digitais exige que as empresas não só façam investimentos financeiros significativos, mas também desenvolvam um planeamento estratégico sólido. Este planeamento é vital para garantir que as mudanças tecnológicas estão alinhadas com objectivos organizacionais mais amplos, permitindo que as empresas se mantenham competitivas num ambiente em constante mudança (Kamble et al., 2020).

A atualização tecnológica não deve ser vista como um acontecimento isolado, mas como um processo contínuo que está integrado na cultura organizacional. As empresas devem estabelecer um quadro que facilite a avaliação regular dos seus sistemas e tecnologias, assegurando que estes permanecem relevantes e eficazes. Isto inclui a identificação de novas tendências na indústria e a avaliação de como estas podem ser adoptadas para melhorar a eficiência operacional e a qualidade do produto (Chae, 2019). A adoção de uma abordagem proactiva à atualização tecnológica permite que as organizações se adaptem rapidamente às exigências do mercado e à evolução das expectativas dos clientes.

Além disso, a sustentabilidade tornou-se um aspeto crucial na implementação da I 4.0. As organizações devem considerar a eficiência dos recursos como parte integrante das suas estratégias tecnológicas. A integração de práticas sustentáveis não só ajuda a reduzir os custos a longo prazo, como também melhora a reputação da empresa e a sua relação com as partes interessadas. De acordo com Raut et al. (2020), as empresas que implementam tecnologias sustentáveis podem beneficiar de uma maior aceitação no mercado e de vantagens competitivas em relação às que não o fazem.

A implementação de tecnologias sustentáveis pode incluir a digitalização de processos para otimizar a utilização de energia e recursos, bem como a adoção de modelos de negócio circulares que minimizem os resíduos. Esta transição para práticas mais sustentáveis não só é benéfica para o ambiente, como também pode resultar em melhorias significativas na eficiência operacional. As organizações que dão prioridade à sustentabilidade descobrem frequentemente que podem reduzir os seus custos operacionais ao mesmo tempo que cumprem regulamentos ambientais cada vez mais rigorosos (Kusiak, 2018).

Por último, para conseguir uma atualização tecnológica e uma sustentabilidade bem sucedidas, as organizações devem promover uma cultura de inovação e de aprendizagem contínua. Isto implica capacitar os empregados para se adaptarem às novas tecnologias e abordagens sustentáveis, bem como incentivar a colaboração entre departamentos para encontrar soluções inovadoras. A criação de um ambiente em que os empregados se sintam valorizados e habilitados a contribuir para a sustentabilidade e a inovação permitirá às organizações não só atingir os seus objectivos a curto prazo, mas também garantir o seu sucesso a longo prazo na era da I4.0.

Oportunidades de implementação

Vantagem competitiva através da aquisição de tecnologia

A implementação bem sucedida da Indústria 4.0 (I 4.0) oferece às organizações oportunidades substanciais para obterem vantagens competitivas através da adoção eficaz de novas tecnologias. Este processo começa com a identificação das necessidades dos clientes e a análise do modelo de negócio da organização. Ao compreender o que os clientes valorizam e como a proposta de valor pode ser melhorada, as empresas podem selecionar tecnologias que tenham um verdadeiro impacto no seu desempenho e na satisfação dos clientes (Kamble et al., 2020).

Uma vez identificadas as necessidades dos clientes, o passo seguinte é avaliar a forma como as tecnologias emergentes podem ser integradas nos processos existentes para satisfazer essas necessidades. Por exemplo, a utilização da inteligência artificial (IA) e da análise de dados pode fornecer informações valiosas que permitem às empresas antecipar as tendências do mercado e ajustar a sua oferta em conformidade. Esta capacidade de responder rapidamente às exigências dos clientes traduz-se numa diferenciação competitiva significativa (Chae, 2019).

Além disso, a adoção de tecnologias avançadas permite às organizações otimizar as suas operações internas. A automatização de processos, por exemplo, pode levar a uma maior eficiência e redução de custos, permitindo às empresas oferecer preços mais competitivos. A implementação da tecnologia IoT pode melhorar a visibilidade na cadeia de abastecimento, facilitando a gestão de stocks e a redução de resíduos (Raut et al., 2020). Desta forma, as organizações não só melhoram a sua rentabilidade, como também reforçam a sua posição no mercado.

A personalização em massa é outra oportunidade fundamental que a I4.0 oferece às empresas. Ao utilizar tecnologias de fabrico flexíveis, as organizações podem adaptar os seus produtos às preferências individuais dos clientes. Esta capacidade não só satisfaz a procura de personalização, como também promove a fidelização dos clientes, fornecendo soluções que se alinham mais estreitamente com as suas expetativas (Bai et al., 2019). A personalização torna-se um diferenciador crucial num mercado cada vez mais saturado.

A integração das tecnologias digitais também permite às empresas inovar os seus modelos de negócio. Por exemplo, a economia das subscrições ganhou popularidade numa série de sectores, desde o software aos produtos físicos. Ao adotar modelos de negócio baseados em subscrições, as empresas podem gerar fluxos de receitas recorrentes e melhorar a retenção de clientes. Isto requer uma compreensão profunda de como as tecnologias digitais podem facilitar estas transições (Kusiak, 2018).

Além disso, a capacidade de recolher e analisar grandes volumes de dados permite às empresas tomar decisões mais informadas e estratégicas. As ferramentas de análise preditiva podem ajudar as organizações a antecipar alterações na procura ou a identificar novas oportunidades de mercado. Isto não só melhora a agilidade, mas também permite que as empresas se posicionem de forma proactiva em vez de reactiva, o que é crucial em ambientes de mercado voláteis (Waller & Fawcett, 2014).

No entanto, para maximizar estas oportunidades, as organizações devem garantir que a sua infraestrutura tecnológica está preparada para apoiar a implementação da I 4.0. Isto inclui não só a adoção de novas tecnologias, mas também a atualização dos sistemas existentes para garantir a interoperabilidade e a eficiência. A falta de infra-estruturas adequadas pode limitar a capacidade das empresas para explorar plenamente as vantagens competitivas que a I 4.0 oferece (Hazen et al., 2014).

A colaboração com parceiros tecnológicos é também crucial neste contexto. As empresas que trabalham com fornecedores e parceiros estratégicos que têm experiência na implementação de tecnologias avançadas podem beneficiar da partilha de conhecimentos e de boas práticas. Esta colaboração não só facilita a integração de novas tecnologias, como também pode abrir novas oportunidades de mercado e melhorar a oferta de produtos e serviços (Kamble et al., 2020).

Por último, a cultura organizacional desempenha um papel crucial na capacidade de uma empresa para tirar partido das oportunidades associadas à I4.0. A promoção de um ambiente que valorize a inovação, a experimentação e a aprendizagem contínua é essencial para o sucesso. As organizações que cultivam uma mentalidade aberta à mudança e à tecnologia estão melhor posicionadas para se adaptarem e prosperarem na era da Indústria 4.0 (Porter & Kramer, 2011).

Em suma, a implementação da I 4.0 oferece às organizações oportunidades significativas para obterem vantagens competitivas através da adoção eficaz de novas tecnologias. Da personalização em massa à otimização de processos e à inovação do modelo de negócio, as empresas que investem nestas tecnologias emergentes podem diferenciar-se num mercado cada vez mais competitivo.

Personalização em massa

A Indústria 4.0 (I 4.0) permite que as organizações ofereçam a personalização em massa de produtos, respondendo efetivamente à crescente procura de soluções personalizadas. Num mercado cada vez mais competitivo, os consumidores procuram produtos que não só satisfaçam as suas necessidades básicas, como também estejam de acordo com as suas preferências individuais. A capacidade de personalizar os produtos de acordo com essas preferências não só melhora a satisfação do cliente, como também promove a fidelidade à marca, criando uma ligação mais profunda entre o consumidor e o produtor (Chae, 2019).

A personalização em massa assenta na integração de tecnologias avançadas, como a inteligência artificial (IA), a Internet das coisas (IoT) e o fabrico aditivo. Estas tecnologias permitem às empresas recolher e analisar dados em tempo real sobre as preferências e os comportamentos dos consumidores. Ao compreenderem melhor o que os seus clientes querem, as organizações podem oferecer opções personalizadas que vão para além das configurações padrão, criando uma experiência de compra mais envolvente e relevante (Kamble et al., 2020).

Uma das chaves para a implementação da personalização em massa é a flexibilidade na linha de produção. As tecnologias de fabrico avançadas permitem às empresas ajustar rapidamente os seus processos para acomodar variações nas encomendas sem comprometer a eficiência. Por exemplo, as impressoras 3D podem produzir peças personalizadas a pedido, reduzindo o tempo de espera e os custos associados à produção em massa. Esta flexibilidade não só responde às expectativas dos clientes, como também optimiza a cadeia de abastecimento, minimizando o inventário (Raut et al., 2020).

Além disso, a personalização em massa pode levar a uma maior inovação no desenvolvimento de produtos. Ao permitir que os consumidores participem no processo de conceção, as empresas podem obter um feedback valioso sobre o que eles realmente querem. Esta co-criação não só melhora a qualidade do produto final, como também cria um sentimento de pertença entre os consumidores, que se sentem mais ligados à marca. O feedback direto dos clientes pode impulsionar um ciclo contínuo de inovação e melhoria (Bai et al., 2019).

No entanto, a implementação da personalização em massa também coloca desafios significativos. As organizações têm de garantir que os seus sistemas de gestão são suficientemente robustos para lidar com a complexidade envolvida na personalização de produtos em grande escala. Isto implica não só a integração de tecnologias avançadas, mas também a formação da mão de obra para gerir estes processos (Kusiak, 2018). Sem um planeamento adequado, as empresas podem enfrentar desafios que limitam a sua capacidade de oferecer uma personalização eficaz.

A experiência do cliente é outro aspeto crucial da personalização em massa. As empresas têm de se concentrar na forma como estas opções personalizadas são percepcionadas pelo consumidor. A facilidade de utilização das plataformas de personalização, bem como a clareza na comunicação das opções disponíveis, são factores que podem influenciar a decisão de compra. Uma experiência de utilizador intuitiva e envolvente pode aumentar significativamente a taxa de conversão e a satisfação do cliente (Chae, 2019).

Por último, a personalização em massa não tem apenas a ver com a satisfação das exigências dos consumidores, mas também com o facto de o fazer de uma forma sustentável. As organizações devem ter em conta o impacto ambiental da produção de produtos personalizados. Através da utilização de tecnologias de produção eficientes e de materiais sustentáveis, as empresas podem não só satisfazer as expectativas dos consumidores em matéria de personalização, mas também fazê-lo de uma forma que minimize a sua pegada ecológica (Raut et al., 2020). Desta forma, a personalização em massa torna-se uma estratégia que não só beneficia os consumidores, como também promove práticas empresariais responsáveis e sustentáveis.

Aplicação estratégica da tecnologia

A aplicação estratégica das tecnologias da Indústria 4.0 (I 4.0) fornece uma base sólida para a diferenciação ou liderança de custos, permitindo às empresas competir de forma mais eficiente no mercado. À medida que as organizações adoptam tecnologias avançadas, podem otimizar os seus processos e melhorar a qualidade dos seus produtos, resultando numa proposta de valor mais atractiva para os consumidores. Esta abordagem não só melhora a eficiência operacional, como também abre novas oportunidades para a inovação de produtos e serviços (Kamble et al., 2020).

Uma das chaves para desenvolver uma vantagem competitiva sustentável é a criação de capacidades tecnológicas únicas que são difíceis de replicar pelos concorrentes. Os investimentos em tecnologias como a inteligência artificial, a aprendizagem automática e a automatização de processos permitem às organizações não só melhorar a eficiência, mas também oferecer produtos e serviços adaptados às necessidades específicas dos seus clientes. Esta personalização e flexibilidade nas ofertas são factores críticos que podem diferenciar uma empresa num mercado saturado (Chae, 2019).

Além disso, a recolha e análise de dados em tempo real permite às empresas tomar decisões mais informadas e ágeis. Utilizando tecnologias analíticas avançadas, as organizações podem identificar as tendências emergentes e responder rapidamente à evolução das exigências do mercado. Este facto não só melhora a adaptabilidade, como também promove uma cultura organizacional que valoriza a agilidade e a inovação contínua (Waller & Fawcett, 2014). As empresas que são capazes de integrar estes dados na sua estratégia podem antecipar as necessidades dos clientes e ajustar as suas operações em conformidade.

A aplicação estratégica da tecnologia implica também a avaliação regular das estratégias para garantir que estão alinhadas com as tendências do mercado e as expectativas dos clientes. As organizações devem estabelecer mecanismos de feedback que lhes permitam medir a eficácia das suas iniciativas tecnológicas e efetuar ajustamentos atempados. Esta avaliação contínua é crucial para manter a relevância num ambiente empresarial em rápida mutação (Porter & Kramer, 2011).

Além disso, as organizações precisam de considerar o impacto das tecnologias nas suas cadeias de abastecimento. A I 4.0 permite uma maior visibilidade e rastreabilidade, o que pode resultar numa gestão mais eficiente dos recursos e numa redução dos custos. A implementação de tecnologias como a Internet das Coisas (IoT) na cadeia de abastecimento permite às empresas monitorizar o estado dos produtos em tempo real e otimizar os processos logísticos, o que contribui para uma maior eficiência e redução de resíduos (Hazen et al., 2014).

A formação e o desenvolvimento da força de trabalho são também componentes essenciais da implementação estratégica da tecnologia. As organizações devem investir em formação para dotar os seus trabalhadores das competências necessárias para operar e gerir as novas tecnologias. Isto não só melhora a capacidade da força de trabalho, mas também promove uma cultura de aprendizagem contínua que é vital para a inovação e adaptação num ambiente tecnológico em constante evolução (Kusiak, 2018).

A colaboração com parceiros estratégicos e tecnológicos pode também ser um fator decisivo para o êxito da implementação da I 4.0. Trabalhar em conjunto com fornecedores e plataformas tecnológicas permite às organizações aceder a conhecimentos e recursos que podem acelerar a adoção de novas tecnologias. Esta colaboração pode também facilitar a partilha de boas práticas e a criação de soluções inovadoras que beneficiem todas as partes envolvidas (Raut et al., 2020).

A sustentabilidade é outro aspeto importante a considerar na aplicação estratégica da tecnologia. As organizações que implementam práticas sustentáveis nas suas operações não só satisfazem as expectativas dos consumidores, como também podem reduzir custos e melhorar a sua imagem de marca. A integração de tecnologias que optimizem a utilização de recursos e minimizem o impacto ambiental pode constituir uma vantagem competitiva significativa na atual economia ambientalmente consciente (Bai et al., 2019).

Por último, a cultura organizacional desempenha um papel crucial na eficácia da aplicação estratégica da tecnologia. A promoção de um ambiente que valorize a inovação e a mudança pode facilitar a adoção de novas tecnologias e a realização de objectivos estratégicos. As empresas que promovem a experimentação e a abertura à mudança estão mais bem posicionadas para tirar partido das oportunidades apresentadas pela I 4.0 e, em última análise, garantir o seu sucesso a longo prazo num mercado em constante mudança (Kamble et al., 2020).

Em suma, a aplicação estratégica das tecnologias I 4.0 não só proporciona uma vantagem competitiva sustentável, como também permite às organizações adaptarem-se a um ambiente empresarial em constante mudança. Ao integrarem estas tecnologias nas suas operações e estratégias, as empresas podem otimizar o seu desempenho, satisfazer as exigências dos clientes e preparar-se para o futuro.

Capítulo 4: Educação e formação na era da indústria 4.0

A educação e a formação na era da Indústria 4.0 estão a passar por uma transformação crucial, em que os quadros educativos e os programas de formação têm de se adaptar para preparar as pessoas para uma força de trabalho em rápida evolução. A Quarta Revolução Industrial, caracterizada pela integração de tecnologias avançadas como a inteligência artificial (IA), a Internet das Coisas (IoT) e a robótica, exige uma reavaliação das metodologias educativas tradicionais. Esta mudança é essencial para colmatar o défice crescente de competências em domínios críticos como a literacia digital, o pensamento crítico e a resolução de problemas, que são fundamentais numa economia cada vez mais digital e interligada (Kamble et al., 2020).

As instituições de ensino estão a adotar abordagens pedagógicas inovadoras, como a Educação 4.0, que dá ênfase à aprendizagem experimental, aos estudos interdisciplinares e à integração tecnológica. Estas estratégias procuram desenvolver as competências necessárias para o sucesso num ambiente de trabalho moderno, reflectindo a importância da educação como motor da competitividade económica e do progresso social. No entanto, a transição para estes novos modelos enfrenta desafios significativos, incluindo a resistência à mudança nos sistemas educativos e a falta de alinhamento entre os programas curriculares e as necessidades da indústria (Chae, 2019).

O fosso digital continua a ser um grande obstáculo, limitando o acesso das populações desfavorecidas à tecnologia e aos recursos educativos, especialmente na sequência da pandemia de COVID-19. Para ultrapassar estes desafios, é fundamental promover uma colaboração contínua entre as instituições de ensino e as partes interessadas do sector. Esta cooperação garantirá que os programas de formação permaneçam relevantes e eficazes, preparando os estudantes para os desafios futuros (Bai et al., 2019). Em resumo, o panorama educativo da era da Indústria 4.0 representa uma interseção vital entre tecnologia e aprendizagem, impulsionando uma mudança de paradigma que procura equipar os alunos com as competências necessárias para prosperar num mundo automatizado e orientado por dados.

Impactos na educação

A emergência da Indústria 4.0 tem profundas implicações para a educação, exigindo uma mudança de paradigma nas metodologias de ensino e aprendizagem. Este fenómeno, caracterizado pela integração de tecnologias avançadas como a inteligência artificial, a robótica e a Internet das Coisas, está a transformar não só a forma como os bens e serviços são produzidos, mas também a forma como são ensinados e aprendidos. À medida que a tecnologia evolui, o fosso entre as práticas educativas tradicionais e as competências exigidas pela força de trabalho está a aumentar, especialmente em áreas como o pensamento crítico, a criatividade e a competência tecnológica (Kusiak, 2018).

Um dos principais desafios que a educação enfrenta na era da Indústria 4.0 é a necessidade de atualizar os currículos para os alinhar com as competências exigidas no mercado de trabalho. As instituições de ensino devem adotar abordagens pedagógicas que integrem a tecnologia e incentivem a aprendizagem ativa. Isso implica não apenas a incorporação de ferramentas digitais, mas também a criação de ambientes de aprendizagem que promovam a colaboração e a inovação (Chae, 2019). A educação deve evoluir para um modelo que prepare os estudantes para resolver problemas complexos e se adaptar a um ambiente de trabalho em constante mudança.

Além disso, a fratura digital representa um obstáculo significativo à aplicação destas novas metodologias. Muitas populações, especialmente nas zonas rurais ou desfavorecidas, não têm acesso à tecnologia necessária para participar plenamente na educação moderna. Este facto não só limita as oportunidades de aprendizagem, como também perpetua as desigualdades existentes no acesso a uma educação de qualidade (Bai et al., 2019). Por conseguinte, é fundamental que as políticas de educação incluam estratégias para colmatar esta lacuna e garantir que todos os alunos tenham acesso às ferramentas e aos recursos necessários.

A colaboração entre as instituições de ensino e a indústria é essencial para garantir que os programas de formação permaneçam relevantes e eficazes. Esta cooperação pode manifestar-se na criação de programas de estágio, projectos conjuntos e no desenvolvimento de currículos que reflictam as necessidades do mercado de trabalho (Raut et al., 2020). Ao trabalharem em conjunto, as instituições de ensino podem adaptar as suas ofertas para preparar os estudantes não só com conhecimentos teóricos, mas também com competências práticas que são diretamente aplicáveis no local de trabalho.

É também essencial que os professores recebam formação contínua em competências digitais e metodologias pedagógicas inovadoras. A formação de educadores é um componente fundamental para a implementação bem-sucedida de reformas educacionais na era da Indústria 4.0. Os professores devem estar equipados não só com conhecimentos técnicos, mas também com competências para promover a aprendizagem crítica e criativa entre os seus alunos (Waller & Fawcett, 2014). Isto inclui a capacidade de utilizar tecnologias emergentes na sala de aula e de orientar os alunos no desenvolvimento de competências interpessoais e de resolução de problemas.

Por último, a investigação e a inovação devem ser os pilares da educação contemporânea. As instituições de ensino devem comprometer-se a investigar continuamente as melhores práticas e a adaptar as suas abordagens de acordo com as tendências emergentes da tecnologia e do mercado de trabalho. Isto não só garantirá a pertinência dos programas educativos, como também permitirá aos estudantes desenvolver uma mentalidade de aprendizagem contínua, essencial num mundo do trabalho em rápida mutação (Kamble et al., 2020).

Reformas e enquadramentos da educação

Para colmatar o fosso entre as competências exigidas no mercado de trabalho e as ensinadas nas instituições de ensino, é essencial conceber quadros educativos que estejam alinhados com as necessidades de um ambiente de trabalho em constante evolução. A indústria 4.0 transformou não só os processos de produção, mas também as competências necessárias aos trabalhadores. Por conseguinte, os quadros educativos devem adaptar-se para incorporar competências como a literacia digital, o pensamento crítico e a capacidade de resolução de problemas, que são essenciais num local de trabalho altamente automatizado e tecnológico (Kamble et al., 2020).

Além disso, estes quadros devem promover o desenvolvimento científico e ético, assegurando que os estudantes sejam competentes não só nas competências técnicas, mas também nos valores éticos que orientam o seu comportamento profissional. O ensino deve fomentar um espírito crítico que permita aos estudantes questionar, investigar e tomar decisões informadas. Isto é especialmente relevante num mundo em que a informação é abundante, mas nem sempre exacta, exigindo que os futuros profissionais saibam discernir entre diferentes fontes e perspectivas (Chae, 2019).

A integração das componentes da Educação 4.0 é crucial para preparar os estudantes para os desafios do futuro. Tal implica a adoção de metodologias de ensino que promovam a aprendizagem colaborativa e a experiência prática, em vez de se basearem apenas no ensino tradicional baseado em aulas expositivas. A utilização de tecnologias emergentes, como a realidade aumentada e a simulação digital, pode enriquecer o processo educativo, oferecendo aos alunos oportunidades de interagir com os conteúdos de forma mais dinâmica e eficaz (Waller & Fawcett, 2014).

Os Objectivos de Desenvolvimento Sustentável (ODS), e em particular o ODS 4, sublinham a necessidade de uma educação de qualidade, inclusiva e equitativa. Este objetivo tornou-se ainda mais urgente na sequência da pandemia de COVID-19, que exacerbou as desigualdades existentes no acesso à educação. A crise sanitária evidenciou que as instituições de ensino devem ser resilientes e capazes de se adaptar a situações adversas, garantindo que todos os alunos, independentemente da sua origem socioeconómica, tenham acesso a oportunidades de aprendizagem de qualidade (UNESCO, 2020).

Para realizar estas reformas educativas, é essencial promover a colaboração entre instituições de ensino, governos e sectores industriais. Esta cooperação pode facilitar o desenvolvimento de programas curriculares que reflictam as tendências emergentes no mercado de trabalho e garantir que os estudantes estejam equipados com as competências necessárias para prosperar num ambiente de trabalho em constante mudança. Além disso, a formação contínua dos professores em novas tecnologias e pedagogias é vital para garantir que eles possam implementar essas reformas de forma eficaz (Raut et al., 2020). A educação do futuro deve ser um esforço conjunto para preparar as novas gerações para enfrentar os desafios da era digital.

Integração tecnológica

A incorporação da tecnologia nos ambientes educativos é essencial para preparar os estudantes para os desafios da Indústria 4.0. A rápida evolução tecnológica exige que as instituições de ensino transformem os seus métodos de ensino e aprendizagem. Isso inclui a implementação de ferramentas digitais e analíticas que não apenas melhoram a experiência educacional, mas também permitem que os educadores monitorem e prevejam com mais precisão os resultados dos alunos (Kamble et al., 2020). Esta integração tecnológica pode facilitar uma aprendizagem mais adaptada às necessidades individuais, promovendo uma abordagem mais personalizada.

Um dos recursos mais proeminentes na educação moderna são os Cursos Online Abertos e Massivos (MOOC). Estes cursos permitem que milhares de estudantes acedam a conteúdos educativos de elevada qualidade a partir de qualquer parte do mundo, quebrando barreiras geográficas e económicas. De acordo com Hazen et al. (2014), os MOOC não beneficiam apenas os estudantes, mas também os educadores, que podem atualizar os seus conhecimentos e competências através de plataformas que oferecem formação contínua. Esta acessibilidade é crucial num mundo onde a educação deve ser inclusiva e equitativa.

Para além dos MOOCs, a tecnologia pode facilitar a utilização de plataformas de gestão da aprendizagem (LMS), que permitem aos educadores organizar e distribuir conteúdos, bem como interagir com os estudantes de forma mais eficaz. Estas plataformas podem incluir ferramentas analíticas que fornecem dados sobre o desempenho dos alunos, ajudando a identificar áreas de melhoria e a adaptar o ensino em conformidade (Waller & Fawcett, 2014). A capacidade de acompanhar o progresso dos alunos em tempo real é uma vantagem significativa oferecida pela tecnologia na educação.

As práticas pedagógicas devem também evoluir no sentido de incorporar competências de aprendizagem ativa, que são essenciais para preparar os estudantes para a força de trabalho moderna. A aprendizagem ativa implica que os estudantes participem ativamente no seu processo de aprendizagem, através de métodos como a aprendizagem baseada em projectos, debates em grupo e simulações. Esta abordagem incentiva não só a aquisição de conhecimentos, mas também o desenvolvimento de competências interpessoais e de resolução de problemas (Kusiak, 2018).

O pensamento crítico, uma competência cada vez mais procurada no local de trabalho, deve também ser uma componente integral da educação moderna. A tecnologia pode facilitar este desenvolvimento, proporcionando aos alunos o acesso a uma vasta gama de informações e recursos. No entanto, é responsabilidade dos educadores orientar os alunos na avaliação crítica dessas informações, ajudando-os a discernir entre fontes fiáveis e não fiáveis (Bai et al., 2019). Fomentar o pensamento crítico é essencial para preparar os alunos para enfrentar os desafios complexos apresentados pela era digital.

A gamificação é outra estratégia que pode ser integrada na aprendizagem para aumentar a motivação e o empenhamento dos alunos. Ao incorporar elementos de jogos no processo educativo, tais como pontos, níveis e recompensas, a experiência de aprendizagem pode ser transformada em algo mais envolvente e dinâmico. Esta metodologia não só melhora a retenção de conhecimentos, como também promove o trabalho em equipa e a competição saudável entre os estudantes (Raut et al., 2020).

A realidade aumentada (RA) e a realidade virtual (RV) estão também a emergir como ferramentas poderosas na educação, oferecendo experiências imersivas que podem enriquecer a aprendizagem. Estas tecnologias permitem aos alunos explorar conceitos complexos de uma forma visual e prática, facilitando a compreensão de temas que, de outra forma, poderiam ser abstractos. Por exemplo, em áreas como a medicina ou a engenharia, a RA e a RV podem simular situações do mundo real, dando aos alunos a oportunidade de praticar e aprender num ambiente seguro (Chae, 2019).

No entanto, a integração da tecnologia na educação não está isenta de desafios. Um dos principais obstáculos é a fratura digital, que limita o acesso de muitas populações à tecnologia. A pandemia de COVID-19 pôs em evidência estas desigualdades, mostrando que nem todos os alunos têm acesso a dispositivos adequados ou a uma ligação fiável à Internet. Para que a inclusão tecnológica seja efectiva, é essencial que sejam implementadas políticas que garantam um acesso equitativo aos recursos tecnológicos (UNESCO, 2020).

Por último, a formação contínua dos professores para a utilização das novas tecnologias é essencial para o êxito destas iniciativas. Os educadores devem ser formados não só na utilização de ferramentas tecnológicas, mas também na forma de as integrar eficazmente nas suas práticas pedagógicas. Isto implica desenvolver uma sólida compreensão de como a tecnologia pode ser utilizada para melhorar a aprendizagem e o ensino, bem como acompanhar as tendências emergentes em edtech (Kusiak, 2018).

Em conclusão, a integração da tecnologia na educação é um processo essencial que pode transformar a forma como o ensino e a aprendizagem se processam. Ao implementar ferramentas digitais, encorajar a aprendizagem ativa e o pensamento crítico e prestar atenção à igualdade de acesso, as instituições de ensino podem preparar os estudantes para prosperarem num ambiente de trabalho em constante mudança. A colaboração entre educadores, instituições e indústria será fundamental para garantir que estas reformas sejam eficazes e sustentáveis ao longo do tempo.

Abordagens interdisciplinares

O advento da Indústria 4.0 transformou a natureza do trabalho, exigindo que as instituições de ensino adoptem abordagens interdisciplinares nos seus programas. Esta abordagem baseia-se na integração de diferentes disciplinas para preparar os estudantes para ambientes de trabalho cada vez mais colaborativos e inovadores. Ao conceber programas que ultrapassam as fronteiras tradicionais do conhecimento, os estudantes têm a oportunidade de desenvolver um conjunto de competências mais alargado e relevante, alinhado com as exigências do mercado de trabalho moderno (Kamble et al., 2020).

Uma das principais vantagens das abordagens interdisciplinares é a capacidade de promover o pensamento crítico e a criatividade. Num mundo em que os problemas são complexos e multifacetados, os alunos precisam de aprender a abordar os desafios a partir de múltiplas perspectivas. Ao combinarem conhecimentos de diversas áreas, como a engenharia, a informática, as ciências sociais e a arte, os estudantes podem desenvolver soluções inovadoras e eficazes que não seriam possíveis a partir de uma única disciplina

(Raut et al., 2020). Esta integração não só prepara os alunos para resolver problemas específicos, como também lhes dá as ferramentas para se adaptarem a situações em mudança no futuro.

Além disso, a colaboração entre disciplinas pode enriquecer o processo educativo, permitindo que os alunos trabalhem em projectos reais que reflictam os desafios que irão enfrentar no mundo do trabalho. Por exemplo, uma equipa composta por estudantes de engenharia, design gráfico e marketing poderia trabalhar em conjunto no desenvolvimento de um produto, aprendendo a comunicar as suas ideias e a integrar as suas diferentes competências num resultado coeso. Este tipo de experiência prática não só reforça a aprendizagem académica, como também facilita o desenvolvimento de competências interpessoais, como a comunicação e o trabalho em equipa, que são essenciais no local de trabalho atual (Kusiak, 2018).

Por último, é essencial que as instituições de ensino fomentem uma cultura que valorize e promova a interdisciplinaridade. Isto implica não só a criação de currículos inclusivos, mas também a formação de professores para ensinar em contextos interdisciplinares e a criação de espaços colaborativos que facilitem a troca de ideias entre alunos de diferentes disciplinas (Chae, 2019). Ao fazer da interdisciplinaridade uma prioridade, as instituições de ensino não só preparam os alunos para o sucesso num mundo digital e interligado, como também contribuem para o desenvolvimento de uma força de trabalho mais inovadora e adaptável.

Abordagens de formação

Os programas de formação concebidos para a Indústria 4.0 centram-se na acessibilidade e flexibilidade, que são fundamentais para responder às diversas necessidades dos alunos e educadores num ambiente de trabalho em constante mudança. Neste contexto, é essencial que os programas ofereçam não só conteúdos teóricos, mas também experiências práticas que permitam aos alunos aplicar o que aprendem em situações do mundo real. Esta combinação de teoria e prática é fundamental para garantir que os estudantes estejam totalmente preparados para enfrentar os desafios apresentados pela Quarta Revolução Industrial (Kamble et al., 2020).

Uma das estratégias mais eficazes para alcançar esta acessibilidade e flexibilidade é a utilização de plataformas digitais que alojam recursos de aprendizagem. Estes portais de informação podem incluir materiais didácticos, tutoriais em vídeo, fóruns de discussão e exercícios interactivos, permitindo que os alunos acedam a uma variedade de recursos que se adequam aos seus estilos de aprendizagem individuais. Além disso, estas plataformas podem facilitar a personalização da aprendizagem, permitindo que os alunos progridam ao seu próprio ritmo e se aprofundem em áreas de interesse particular (Hazen et al., 2014).

Para facilitar a aprendizagem prática, é crucial que os programas de formação integrem software industrial e ferramentas tecnológicas que simulem cenários do mundo real. Isto pode incluir a utilização de simuladores, software de desenho assistido por computador (CAD) e plataformas de análise de dados. Estas ferramentas não só melhoram a compreensão de conceitos complexos, como também permitem aos estudantes adquirir competências técnicas que são altamente valorizadas no mercado de trabalho (Kusiak, 2018). A experiência prática na utilização destas tecnologias prepara os estudantes para trabalhar com os sistemas que irão encontrar nas suas futuras carreiras.

Para além disso, a colaboração com parceiros educativos e a participação em iniciativas como a WorldSkills são componentes essenciais destes programas de formação. Estas parcerias permitem que os educadores e os estudantes acedam a recursos adicionais e a oportunidades de trabalho em rede, bem como proporcionam experiências de aprendizagem práticas que são difíceis de reproduzir numa sala de aula tradicional. A WorldSkills, por exemplo, organiza competições que desafiam os estudantes a demonstrar as suas competências num ambiente competitivo e colaborativo, dando-lhes uma experiência valiosa na aplicação dos seus conhecimentos (Raut et al., 2020).

A formação contínua dos formadores é também um aspeto vital da conceção de programas de formação eficazes. Os educadores devem ser formados nas mais recentes tecnologias e metodologias pedagógicas para poderem orientar eficazmente os alunos. Isto implica não só familiarizar-se com novas ferramentas e abordagens, mas também compreender como integrar estas tecnologias no seu ensino quotidiano para maximizar a aprendizagem dos alunos (Chae, 2019). O desenvolvimento profissional contínuo garante que os formadores se mantêm actualizados e podem proporcionar um ensino de qualidade.

Além disso, a avaliação e o ajustamento constantes dos programas de formação são cruciais para a sua eficácia. É importante que as instituições de ensino recolham feedback dos formandos e da indústria para identificar áreas de melhoria e se adaptarem às novas exigências do mercado de trabalho. Isto pode incluir inquéritos, entrevistas e análises de desempenho, que ajudarão os educadores a ajustar os seus métodos de ensino e a atualizar o conteúdo do programa, conforme necessário (Bai et al., 2019).

Por último, a criação de uma cultura de aprendizagem em colaboração no âmbito dos programas de formação pode enriquecer ainda mais a experiência de aprendizagem. Incentivar o trabalho em equipa e a troca de ideias entre estudantes de diferentes disciplinas não só melhora as competências interpessoais, como também promove a inovação e a criatividade. Ao trabalharem juntos em projectos e desafios, os estudantes podem aprender com as experiências e perspectivas uns dos outros, o que os prepara melhor para trabalhar num ambiente profissional diversificado e dinâmico (Kamble et al., 2020).

Orientações para o futuro

À medida que as indústrias evoluem em resposta às exigências da Indústria 4.0, a necessidade de a força de trabalho adaptar as suas competências torna-se cada vez mais urgente. A automatização e as tecnologias emergentes estão a transformar a natureza do trabalho, o que significa que muitas competências tradicionais podem tornar-se obsoletas. No entanto, apesar desta automatização, há sectores que continuarão a exigir mão de obra qualificada, como a construção, a manutenção e a indústria transformadora. Esta tendência apresenta oportunidades valiosas para os trabalhadores actualizarem as suas competências e se prepararem para funções que continuarão a ser relevantes no futuro (Raut et al., 2020).

Um dos sectores que beneficiará consideravelmente desta mudança é o da construção. A implementação de tecnologias como os drones, a modelação da informação da construção (BIM) e a impressão 3D está a revolucionar a forma como os projectos são planeados e executados. Estes avanços não só aumentam a eficiência, como também exigem um novo conjunto de competências para a operação e manutenção. Por conseguinte, é essencial que os programas de formação e educação neste sector sejam actualizados para incluir estas tecnologias emergentes, preparando os trabalhadores para funções que não são apenas técnicas, mas também estratégicas (Kusiak, 2018).

No domínio da manutenção, a digitalização dos equipamentos e a implementação de tecnologias de monitorização em tempo real estão a mudar a forma como a manutenção preventiva e preditiva é efectuada. Os técnicos de manutenção devem agora ser capazes de interpretar dados analíticos e trabalhar com sistemas automatizados. Isto implica que as instituições de ensino devem oferecer programas que combinem formação técnica com competências analíticas e de resolução de problemas, preparando os estudantes para actuarem num ambiente cada vez mais digitalizado (Hazen et al., 2014).

A indústria transformadora está também a sofrer uma transformação significativa, impulsionada pela adoção de tecnologias como a robótica colaborativa e a inteligência artificial. À medida que estas tecnologias são integradas nas linhas de produção, os trabalhadores terão de adquirir competências que lhes permitam interagir e trabalhar com máquinas avançadas. Isto implica não só competências técnicas, mas também a capacidade de adaptação a um ambiente de trabalho que pode mudar rapidamente. A formação e a reciclagem contínuas serão fundamentais para manter a mão de obra actualizada e competitiva neste sector (Kamble et al., 2020).

Além disso, a ênfase na sustentabilidade e na responsabilidade social das empresas está a criar novas oportunidades em sectores que não eram considerados anteriormente. Por exemplo, o desenvolvimento de tecnologias limpas e de práticas de fabrico sustentáveis está a criar uma procura de trabalhadores com competências nestas áreas. As instituições de ensino têm de reconhecer esta tendência e desenvolver programas que preparem os estudantes para trabalhar num futuro que dê prioridade à sustentabilidade, o que, por sua vez, pode ajudar a colmatar o fosso entre a educação e as necessidades do mercado de trabalho (Bai et al., 2019).

Por último, é crucial que as políticas de educação e do mercado de trabalho estejam alinhadas para facilitar a transição para uma mão de obra adaptável e bem preparada. Isto inclui a colaboração entre governos, instituições de ensino e indústria para desenvolver programas que respondam às necessidades emergentes do mercado de trabalho. Além disso, deve ser promovida uma cultura de aprendizagem ao longo da vida, em que os trabalhadores sintam que podem atualizar as suas competências ao longo das suas carreiras.

Referências

Adame, T., Bel, A., Bellalta, B., Barcelo, J., Oliver, M., &Almirall, A. (2019). Aumentando a escalabilidadeLPWAN por meio de tecnologias IoT multibanda simultâneas: um caso de uso da indústria 4.0. IEEE Access, 7, 46990-47010. https://doi.org/10.1109/ACCESS.2019.2909608

Agrawal, M., Eloot, K., Mancini, M., & Patel, A. (2020, 29 de julho). Indústria 4.0: Reimaginando as operações de manufatura após o COVID-19. McKinsey & Company. https://www.mckinsey.com/capabilities/operations/our-insights/industry-40- reimagining-manufacturing-operations-after-covid-19.

Alaloul, W. S., Liew, M. S., Zawawi, N. A. W. A., & Kennedy, I. B. (2019). Revolução da indústria IR 4.0: Oportunidades e desafios futuros na indústria da construção. MATEC Web of Conferences, 203, 1-7. https://doi.org/10.1051/matecconf/201820302001. https://doi.org/10.1051/matecconf/201820302001

Ateam Admin (2024, 23 de maio). IoT na indústria transformadora: Transformar a forma como fazemos as coisas " A-Team Global. A-Team Global. https://a-team.global/blog/iot-in-manufacturing-industry/

Bai, C., Sarkis, J., & Wang, Z. (2019). Gestão da cadeia de suprimentos verde no contexto da Indústria 4.0: Uma revisão e direções de pesquisa futuras. Journal of Cleaner Production, 230, 10531068. https://doi.org/10.1016/j.jclepro.2019.05.279. https://doi.org/10.1016/j.jclepro.2019.05.279

Bennett, D., Desai, M., & Yeandle, D. (2017). Indústria 4.0: Competências e formação para a futura força de trabalho. Jornal Internacional de Educação em Engenharia, 33(6), 1984-1992.

Bessant, J., & Tidd, J. (2015). Innovation and entrepreneurship. Wiley.

Bonilla, S., Silva, H., Da Silva, M. T., Gonçalves, R. F., & Sacomano, J. (2018). Indústria 4.0 e implicações para a sustentabilidade: uma análise baseada em cenários dos impactos e desafios. Sustentabilidade, 10(10), 3740. https://doi.org/10.3390/su10103740. https://doi.org/10.3390/su10103740

Briceño, G., V. (2021, 2 de dezembro). Primeira Revolução Industrial | O que foi, história, etapas, causas, consequências. Euston96. https://www.euston96.com/en/first-industrial- revolution/

Brook, J. (n.d.). How Industry 4.0 Technologies can drive Manufacturing Productivity Growth (Como as tecnologias da Indústria 4.0 podem impulsionar o crescimento da produtividade da indústria transformadora).

FourJaw Manufacturing Analytics Ltd. https://fourjaw.com/blog/how-industry-4.0-technologies-can-drive-manufacturing-productivity-growth

Buyukozkan, G., & Goçer, F. (2018). Cadeia de suprimentos digital: uma revisão sistemática e futuras direções de pesquisa. Computadores na Indústria, 101, 16-32.

https://doi.org/10.1016/j.compind.2018.04.017

Mudanças no Ensino Técnico para a Indústria 4.0 - TEKLATAM (n.d.). TEKLATAM. https://teklatam.com/cambios-de-la-educacion-tecnica-con-miras-a-la-industria-4-0/

Chae, B. (2019). Gestão da cadeia de suprimentos e a Indústria 4.0: Uma revisão e agenda de pesquisa. Revista Internacional de Economia da Produção, 210, 1-13.

https://doi. org/10.1016/j. ijpe. 2019.01.007

Chae, B. (2019). Gestão da cadeia de suprimentos e a Indústria 4.0: Uma revisão e agenda de pesquisa. Revista Internacional de Economia da Produção, 210, 1-13.

https://doi. org/10.1016/j. ijpe. 2019.01.007

Choudhury, M., Paul, R., & Islam, M. S. (2019). Análise preditiva na gestão da cadeia de suprimentos: uma revisão. The International Journal of Logistics Management, 30(3), 785804. https://doi.org/10.1108/IJLM-05-2018-0131

Copper Digital, Inc. (2023, 4 de maio). O futuro está aqui: como a robótica está a impulsionar os objectivos da indústria 4.0. Copper Digital. https://copperdigital.com/blog/role-of-robotics-in-alcançar-objectivos-da-indústria-4-0/

Cristina (2021). Indústria 4.0: a revolução digital nos processos de produção. Geniotic Solutions. https://geniotic.es/industria-4-0/

Davenport, T. H. (2013). Analytics at work: Smarter decisions, better outcomes (Análise no trabalho: decisões mais inteligentes, melhores resultados). Harvard Business Review Press.

Ejsmont, K., Gladysz, B., & Kluczek, A. (2020). Impacto da Indústria 4.0 na

Sustentabilidade - Revisão Bibliométrica da Literatura. Sustentabilidade, 12(14), 5650.

https://doi.org/10.3390/su12145650

Enciclopédia 1080 (s.d.). [Vídeo]. https://www.encyclopedia.com/history/encyclopedias-almanacs-transcripts-and-maps/industrial-revolution-second.

Factory of the Future: How Industry 4.0 and AI Can Transform manufacturing (2023, 20 de dezembro). Bain. https://www. bain.com/insights/factory-of-the-future-how-industry-4-0-and-ai-can-transform-manufacturing/

Forças de mudança: Indústria 4.0. Deloitte Insights.

https://www2. deloitte. com/us/en/insights/focus/industry-4-0/overview. html

Futuro da indústria 4.0. (n.d.). https://storm.genie.stanford.edu/article/future-of-industry-4.0- 262292

Garbie, I. H. (2017). Incorporação de conceitos de sustentabilidade/desenvolvimento sustentável no ensino de cursos de design de sistemas industriais. Procedia Manufacturing, 8, 417-423.

https://doi. org/10.1016/j.promfg. 2017.02.054

Geissdoerfer, M., Savaget, P., Bocken, N. M. P., & Hultink, E. J. (2018). A economia circular - Um novo paradigma de sustentabilidade? Journal of Cleaner Production, 143, 757-768. https://doi. org/10.1016/j.jclepro. 2016.12.048

González, A., Arenas-Márquez, F. J., & Perales, F. J. (2020). Indústria 4.0 e o impacto na gestão da cadeia de suprimentos: uma revisão da literatura. IEEE Access, 8, 124633-124646. https://doi.org/10.1109/ACCESS.2020.3003442

Hadnagy, C. (2018). Engenharia social: A ciência do hacking humano. Wiley.

Haseeb, M., Hussain, H. I., Slusarczyk, B., & Jermsittiparsert, K. (2019). Indústria 4.0: Uma solução para os desafios tecnológicos do desempenho empresarial sustentável. Ciências Sociais, 8(5), 154. https://doi.org/10.3390/socsci8050154

Hashemi-Pour, C., Daniel, D., & Posey, B. (2024, 16 de maio). Indústria 4.0. Pesquisa ERP. https://www.techtarget.com/searcherp/definition/Industry-40

Hazen, B. T., Boone, C. A., Ezell, J. D., & Jones-Farmer, L. A. (2014). Qualidade dos dados para a ciência dos dados, a análise preditiva e os grandes dados na gestão da cadeia de abastecimento: uma introdução ao problema e sugestões de investigação e aplicações. International Journal of Production Economics, 154, 72-80. https://doi.org/10.1016/j.ijpe.2014.04.018

Hazen, B. T., Boone, C. A., Ezell, J. D., & Jones-Farmer, L. A. (2014). Qualidade dos dados para a ciência dos dados, a análise preditiva e os grandes dados na gestão da cadeia de abastecimento: uma introdução ao problema e sugestões de investigação e aplicações. International Journal of Production Economics, 154, 72-80. https://doi. org/10.1016/j. ijpe. 2014.04.018

Ibm (2024, 29 de agosto). Indústria 4.0. O que é a Indústria 4.0? | IBM.

https://www. ibm. com/topics/industry-4-0

Immerman, G. (2024, 14 de agosto). Tecnologias emergentes da Indústria 4.0 com exemplos do mundo real. MachineMetrics. https://www. machinemetrics. com/blog/industry-4-0-

tecnologias

Impacto e benefícios da Indústria 4.0 na cadeia de abastecimento. (n.d.). https://www. blog. metalinspec. com. mx/post/impacto-y-beneficios-de-la-industria-4-0- en-la-cadena-de-suministro.

Índia, P. (2021, 2 de setembro). Indústria 4.0 e fabrico sustentável - FutureBridge. FutureBridge. https://www.futurebridge.com/industry/perspectives-mobility/industry-4- 0-and-sustainable-manufacturing/

Indústria 4.0 e ecossistemas de fabrico (n.d.). Deloitte Insights. https://www2.deloitte.com/us/en/insights/focus/industry-4-0/manufacturing-ecosystems- exploring-world-connected-enterprises.html

Industry 4.0: Industrial Revolution in the heart of SDG Agenda 2030 | MIT Climate Portal (n.d.). Portal do Clima do MIT. https://climate.mit.edu/posts/industry-40-industrial-revolution- heart-sdg-agenda-2030.

Intelliarts (2024, 15 de maio). Manufacturing 4.0: Explanation &Real-Worldexamples. Intelliarts. https://intelliarts.com/blog/manufacturing-4-0/

Jardine, A. K. S., Lin, D., & Banjevic, D. (2018). Manutenção preditiva de equipamentos industriais.

Journal of Quality in Maintenance Engineering, 24(1), 2-17.

https://doi.org/10.1108/JQME-10-2016-0050

Kalsoom, T., Ahmed, S., Rafi-Ul-Shan, P. M., Azmat, M., Akhtar, P., Pervez, Z., Imran, M. A., & Ur-Rehman, M. (2021). Impacto da IoT na Indústria de Manufatura 4.0: Uma nova revisão sistemática triangular. Sustentabilidade, 13(22), 12506. https://doi.org/10.3390/su132212506

Kamble, S. S., Gunasekaran, A., & Sharma, R. (2020). Indústria 4.0 e seu impacto na gestão da cadeia de suprimentos: uma revisão e direções de pesquisa futuras. Jornal Internacional de Pesquisa em Produção, 58(12), 3677-3700.

https://doi. org/10.1080/00207543.2020.1715092
Kamble, S. S., Gunasekaran, A., & Sharma, R. (2020). Indústria 4.0 e seu impacto na gestão da cadeia de suprimentos: uma revisão e direções de pesquisa futuras. Jornal Internacional de Pesquisa em Produção, 58(12), 3677-3700.

https://doi. org/10.1080/00207543.2020.1715092
Karimireddy, T., & Zhang, S. (2017). Incorporação de propriedades de temporização no método de controlo de erros adaptativo para uma comunicação atempada e fiável em redes de automação industrial. Ciência dos Sistemas e Engenharia de Controlo, 5(1), 350-360.

https://doi. org/10.1080/21642583.2017.1344945

Kaur, G., & Chauhan, P. (2024). Inteligência artificial na indústria 4.0: análise jurídica das questões de privacidade de dados com as partes interessadas da indústria. Em Apple Academic Press eBooks (pp. 187203). https://doi.org/10.1201/9781003414193-10

Kidwai, A. (n.d.). Os Nove Pilares da Indústria 4.0 - Avanço Tecnológico. Polestarsolutions. https://www.polestarllp.com/blog/what-is-industry-40-and-its-nine- technology-pillars.

Kotter, J. P. (1996). Leading change. Harvard Business Review Press.

Kumar, A., Sarkar, B., & Parveen, M. (2020). O papel dos chatbots na melhoria da experiência do cliente. Journal of Business Research, 121, 252-263. https://doi.org/10.1016/j.jbusres.2020.08.002

Kumar, S., & Singh, R. (2019). Internet das Coisas (IoT): Uma revisão sobre arquitetura, aplicações e desafios. Revista Internacional de Aplicações Informáticas, 178(16), 1-5. https://doi.org/10.5120/ijca2019918614

Küpper, D., Lorenz, M., Knizek, C., Kuhlmann, K., Maue, A., Lassig, R., & Buchner, T. (2021, 16 de dezembro). Robótica avançada na fábrica do futuro. BCG Global. https://www. bcg.com/publications/2019/advanced-robotics-factory-future.

Kurt, R. (2019). A Indústria 4.0 em termos de relações laborais e os seus impactos na vida laboral. Procedia Computer Science, 158, 590-601. https://doi.org/10.1016/j.procs.2019.09.093

Kusiak, A. (2018). Fabrico inteligente. International Journal of Production Research, 56(12), 1-10. https://doi.org/10.1080/00207543.2017.1393943

Kusiak, A. (2018). Fabrico inteligente. International Journal of Production Research, 56(12), 1-10. https://doi.org/10.1080/00207543.2017.1393943

Lee, J., Bagheri, B., & Kao, H. A. (2014). Uma arquitetura de sistemas ciber-físicos para sistemas de manufatura baseados na Indústria 4.0. Manufacturing Letters, 3, 18-23. https://doi.org/10.1016/j.mfglet.2014.12.001

Li, Q., Tang, W., & Li, Z. (2024). Alavancando a indústria 4.0 para a fabricação sustentável: uma análise quantitativa usando FI-RST. Ciências Aplicadas,

14(20), 9545. https://doi.org/10.3390/app14209545

Luce, R. (2020, 10 de fevereiro). Indústria 4.0: Tecnologia avançada cria novas oportunidades de emprego. https://www.linkedin.com/pulse/industry-40-advanced-technology-creates-new-job- robert-luce

Tecnologias da Indústria Transformadora 4.0 | Microsoft Industry. (n.d.). https://www.microsoft.com/en-us/industry/manufacturing/resources/industry-4-0- technologies

Matana, G., Dal-Fabbro, I., & Gaviraghi, G. (2020). Método para avaliar a aderência de equipamentos de logística interna ao conceito de CPS para a indústria 4.0. International Journal of Production Economics, 228, 107845. https://doi.org/10.1016/j.ijpe.2020.107845

Mayer, C., & Oosthuizen, R. M. (2022). Sustentabilidade na prática de negócios da Indústria 4.0: Insights de uma empresa multinacional de tecnologia. Frontiers in Sustainability, 3. https://doi. org/10.3389/frsus. 2022.886986

McKinsey & Company (2021). Cibersegurança na era da transformação digital. McKinsey & Company.

MIT Technology Review (2024, 11 de abril). Levando a IA para o próximo nível na fabricação. MIT Technology Review. https://www. technologyreview. com/2024/04/09/1090880/taking-ai- to-the-next-level-in-manufacturing/

Owen-Hill, A. (s.d.). 10 Robotics Predictions for trends that will dominate 2023. https://blog. robotiq. com/10-robotics-predictions-for-trends-that-will-dominate-2023.

Porter, M. E., & Kramer, M. R. (2011). Criando valor compartilhado. Harvard Business Review, 89(12), 62-77.

Publishing, W. (2023, 2 de março). Como a IA serve como pedra angular da Indústria 4.0. Search Enterprise AI. https://www.techtarget.com/searchenterpriseai/feature/How-AI-serves- as-a-cornerstone-of-Industry-40.

Raut, R. D., Gardas, B. B., & Jha, M. K. (2020). Tecnologias da indústria 4.0 para o desenvolvimento sustentável: um foco na eficiência energética e no desempenho. Journal of Cleaner Production, 258, 120-134. https://doi.org/10.1016f.jclepro.2020.120134

Raut, R. D., Gardas, B. B., & Jha, M. K. (2020). Tecnologias da indústria 4.0 para o desenvolvimento sustentável: um foco na eficiência energética e no desempenho. Journal of Cleaner Production, 258, 120-134. https://doi. org/10.1016/j.jclepro. 2020.120134

Rawat, G. S. (2024, 4 de junho). Indústria 4.0 explicada: A 4ª Revolução Industrial. Blogue da Lio. https://blog. lio. io/industry-4-0/

Rees, J. (2016). Industrialização e urbanização nos Estados Unidos, 1880 1929. Enciclopédia de Pesquisa Oxford de História Americana.

https://doi. org/10.1093/acrefore/9780199329175.013.327

Ricadela, A. (2023, 19 de dezembro). 10 componentes essenciais da Indústria 4.0.

https://www.oracle.com/industrial-manufacturing/industry-4-components/

Ryalat, M., Franco, E., Elmoaqet, H., Almtireen, N., & Alrefai, G. (2024). A Integração de Sistemas Mecatrónicos Avançados na Indústria 4.0 para o Fabrico Inteligente. Sustainability, 16(19), 8504. https://doi.org/10.3390/su16198504. https://doi.org/10.3390/su16198504

Shahriar, H., Islam, M. S., Jahin, M. A., Ridoy, I. A., Prottoy, R. R., Abid, A., & Mridha, M. F. (2024). Explorando os desafios de adoção da Internet das Coisas em empresas de manufatura: uma abordagem do Processo de Hierarquia Analítica Delphi Fuzzy. PLoS ONE, 19(11), e0311643. https://doi.org/10.1371/journal.pone. 0311643

Simon (2023, 30 de dezembro). 9 exemplos de fabrico inteligente da Indústria 4.0. Sucesso em sustentabilidade. https://sustainability-success.com/smart-manufacturing-examples-of-industry- 4-0/

Pessoal (2024, 24 de maio). Revoluções industriais: resumo, causas, consequências e invenções - Historia Mundum. Historia Mundum. https://historiamundum.com/industrial- revoluções

Cadeia de abastecimento 4.0 - a cadeia de abastecimento digital da próxima geração (2016, 27 de outubro). McKinsey & Company. https://www. mckinsey. com/capabilities/operations/our-insights/supply-chain- 40--the-next-generation-digital-supply-chain.

Ta, T. (2024, 17 de outubro). IoT na indústria transformadora: aplicações, impactos e tendências. Travancore Analytics. https://www. travancoreanalytics. com/iot-in-manufacturing-.

indústria/

Talentedge (n.d.). Carreiras: Os melhores empregos na era da Indústria 4.0 - Talentedge. https://talentedge.com/articles/careers-best-jobs-era-industry-4-0/

Os editores da Encyclopaedia Britannica (2024, 5 de outubro). Revolução Industrial | Definição, História, Datas, Resumo e Factos. Encyclopedia Britannica. https://www.britannica.com/event/Industrial-Revolution

O futuro do fabrico: Indústria 4.0 e oportunidades de emprego (n.d.). Hire Industrial. https://hireindustrial.com/blog/the-future-of-manufacturing-industry-4-0-and-job- oportunidades

Thompson, G. (n.d.). Impacto na sociedade durante a Revolução Industrial. worldhistory.org.uk. https://www. worldhistory. org. uk/industrial-revolution-impact-on-society.

UNESCO. (2020). Educação durante a COVID-19 e mais além. https://en. unesco. org/covid19/educationresponse.

Wadsworth, A., Mathers, K., & Gilliam, D. (2019). Desenvolvimento de esquema de segurança de monitoramento e controle de IIoT para sistemas ciberfísicos. Anais da Conferência IEEE SoutheastCon 2019, 1-5. https://doi.org/10.1109/SoutheastCon42311.2019.9020626

Waller, M. A., & Fawcett, S. E. (2013). Data science, predictive analytics, and big data: A revolution that will transform supply chain design and management. Journal of Business Logistics, 34(2), 77-84. https://doi. org/10.1111/jbl. 12010.

Waller, M. A., & Fawcett, S. E. (2014). Data science, predictive analytics, and big data: A revolution that will transform supply chain design and management. Journal of Business Logistics, 35(2), 77-84. https://doi.org/10.1111/jbl.12010

Waller, M. A., & Fawcett, S. E. (2014). Data science, predictive analytics, and big data:

A revolution that will transform supply chain design and management. Journal of Business Logistics, 35(2), 77-84. https://doi. org/10.1111/jbl. 12010.

Wang, J., & Li, D. (2018). Otimização de computação adaptativa na internet industrial das coisas baseada em rede definida por software com computação em nevoeiro. Sensores, 18(8), 1351-1360. https://doi. org/10.3390/s18072139.

What are Industry 4.0, the Fourth Industrial Revolution, and 4IR? (2022, August 17). McKinsey & Company. https://www. mckinsey. com/featured-insights/mckinsey-explainers/what-are-industry-4-0-the-fourth-industrial-revolution-and-4ir.

Weflio - Agência de marketing digital em León. (2022). Indústria 4.0: O que é e como nasce? Conhece-a? Weflio.com. https://weflio.com/es/industria-4-0/

Colaboradores da Wikipédia (2024). Revolução Industrial. Wikipédia. https://en. wikipedia. org/wiki/Industrial_Revolution

Wilde, R. (2019,). Um guia para iniciantes na Revolução Industrial. ThoughtCo. https://www.thoughtco.com/guide-to-the-industrial-revolution-1221914

Womack, J. P., & Jones, D. T. (2003). Lean thinking: Banish waste and create wealth in your corporation. Simon & Schuster.

MIX
Papier aus verantwortungsvollen Quellen
Paper from responsible sources
FSC® C105338

Printed by Books on Demand GmbH, Norderstedt / Germany